東京おさんぽノート12ヶ月

TOKYO SKETCH NOTE ⑫ MONTHS

菅澤真衣子

朝日新聞出版

CONTENTS

コラム

ATTENTION

・本誌に掲載されているDATAは2020年2~3月の取材調査に基づくものです。

・原則としてGW、お盆、年末年始を除く定休日のみを表示しています。詳細は各店舗にお問い合わせください。また、営業時間が変更となる場合がありますので、あらかじめご確認のうえお出かけください。

・記事内の価格は特に記載がないものは税込価格です。

・メニューおよび商品は品切れや金額、内容が変更となる場合があります。

・本誌で紹介した施設・店舗などとの個人的なトラブルにつきましては、当社では一切の責任を負いかねますのであらかじめご了承ください。

はじめに

上京した学生の頃から、休日ともなると憧れのお店や気になるスポットをめぐりに、よく出かけていました。そんな私のさんぽの師匠は、父です。子どもの頃を思い返してみると、家にはガイド本がたくさんあり、テレビで放送されている新しいスポットは必ずメモをしていたように思います。今回のさんぽ本を制作するにあたっても、どっさりと何冊も東京のガイド本を貸してくれ、「この場所が面白いよ！」と嬉々として教えてくれました。そのような姿を見ていたからか、大人になった今ではすっかりさんぽの虜です。

この本には定番スポットの他に、私が東京で暮らし愛着

のある下町のエリアも紹介しています。そして、季節に合わせて、12ヶ月の月ごとにそれぞれテーマを決めてさんぽをしてきました。めぐりやすいよう、さんぽのルートや時間も記載しています。

普段何気なく歩いている場所でも、季節や天気によって、街は様々な表情を見せてくれます。春の道路脇には、名前の知らない小さな花が咲いていたり、梅雨の雨上がりには土の湿った匂いがして、ふと故郷を懐かしんだり……。簡単に情報が手に入りやすい時代だからこそ、実際に足を運んでみて得られる想いは宝物だと思うのです。季節のイベントも、その時期にしか味わえないもの。そんな月日を楽しみながら、さんぽのお供に、この本を一緒に連れ出していただけたら幸いです。そして、お気に入りの場所を見つけたら、ぜひ私にも教えてください。それでは、行ってらっしゃい！

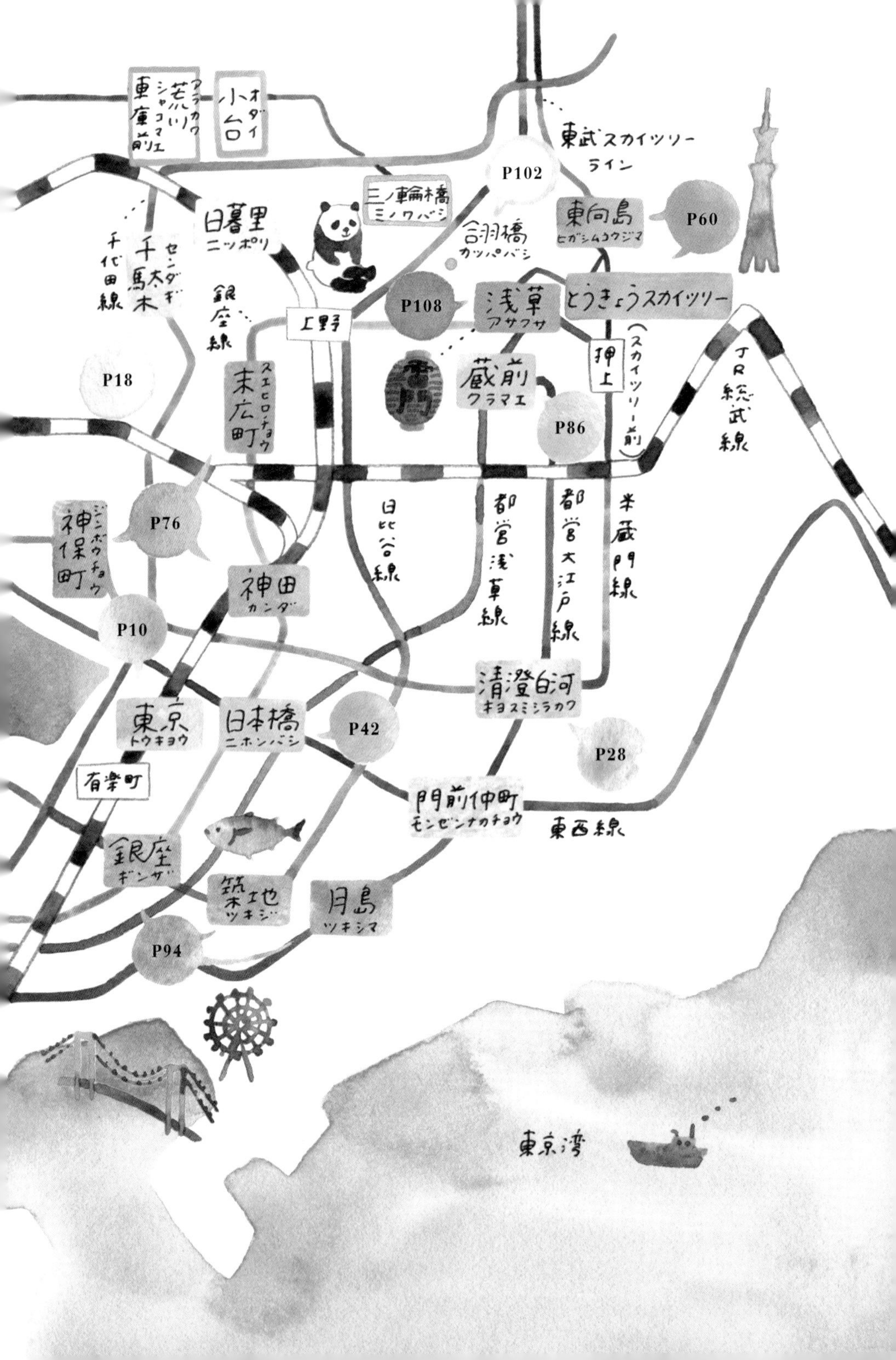
荒川車庫前《アラカワシャコマエ》
小台《オダイ》
東武スカイツリーライン
P102
三ノ輪橋《ミノワバシ》
日暮里《ニッポリ》
合羽橋《カッパバシ》
東向島《ヒガシムコウジマ》
P60
千代田線
千駄木《センダギ》
銀座線
P108
浅草《アサクサ》
とうきょうスカイツリー
上野
（スカイツリー前）
押上
P18
末広町《スエヒロチョウ》
蔵前《クラマエ》
P86
JR総武線
日比谷線
都営浅草線
都営大江戸線
半蔵門線
神保町《ジンボウチョウ》
P76
神田《カンダ》
P10
清澄白河《キヨスミシラカワ》
東京《トウキョウ》
日本橋《ニホンバシ》
P42
P28
有楽町
門前仲町《モンゼンナカチョウ》
東西線
銀座《ギンザ》
築地《ツキジ》
月島《ツキシマ》
P94
東京湾

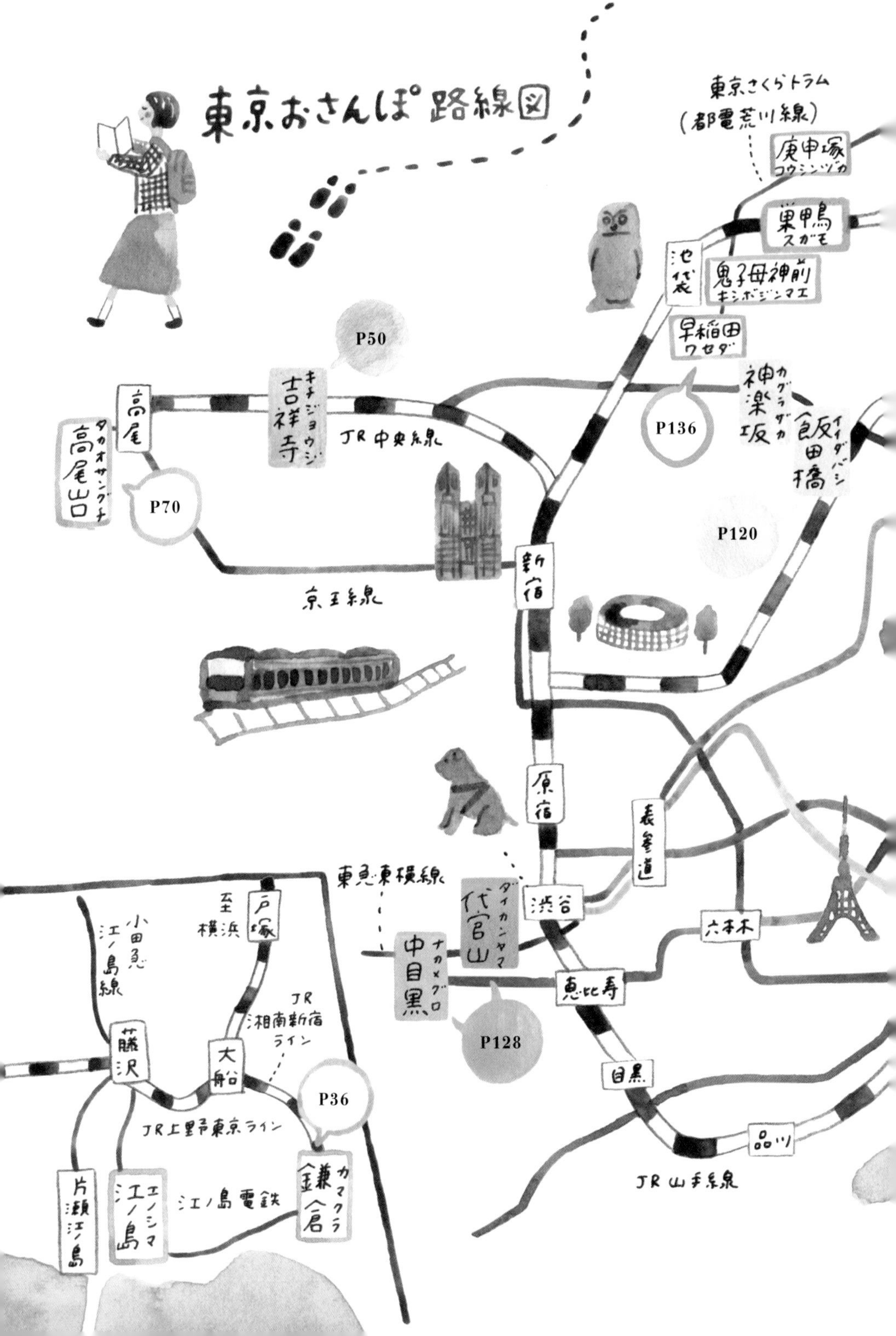
東京おさんぽ路線図
東京さくらトラム
（都電荒川線）
庚申塚《コウシンヅカ》
巣鴨《スガモ》
池袋
鬼子母神前《キシボジンマエ》
早稲田《ワセダ》
神楽坂《カグラザカ》
飯田橋《イイダバシ》
P50
P136
P120
高尾
高尾山口《タカオサングチ》
吉祥寺《キチジョウジ》
JR中央線
P70
京王線
新宿
原宿
表参道
東急東横線
代官山《ダイカンヤマ》
渋谷
中目黒《ナカメグロ》
六本木
恵比寿
P128
目黒
品川
JR山手線
至横浜
戸塚
小田急江ノ島線
JR湘南新宿ライン
藤沢
大船
P36
JR上野東京ライン
片瀬江ノ島
江ノ島《エノシマ》
江ノ島電鉄
鎌倉《カマクラ》

TOKYO

OSANPO

12

months

春

SPRING

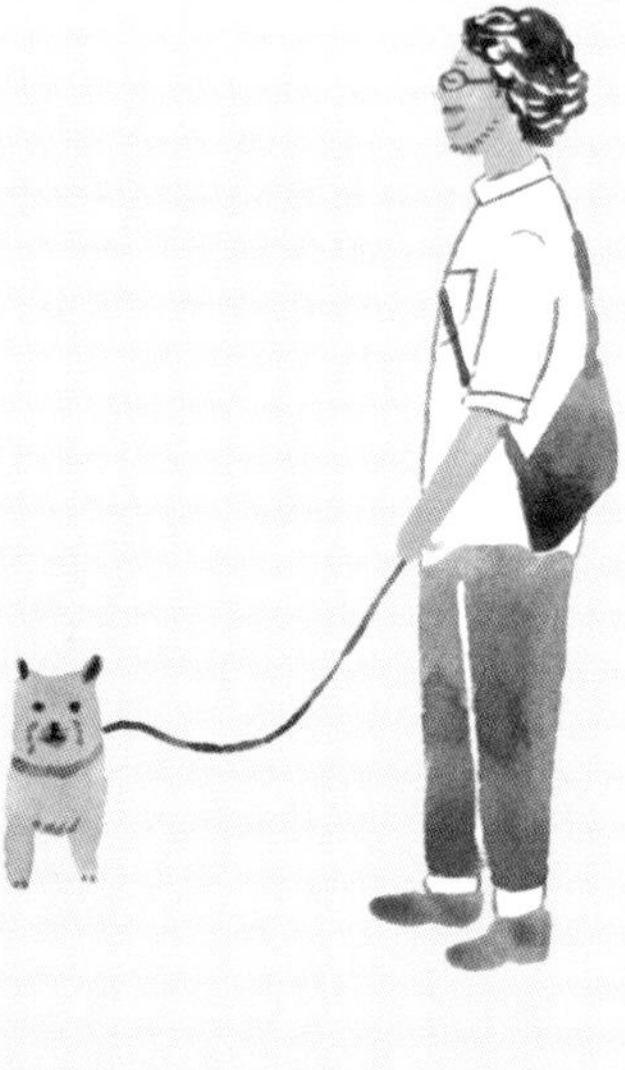

4月 東京駅・丸の内・皇居

5月 谷根千

6月 清澄白河

4

April

新緑の歴史さんぽ

東京駅
丸の内・皇居

東京の魅力を再発見しよう

　緑が芽吹き、青々とした葉をつける4月。新しい季節の始まりに、わくわくとした気持ちになります。日差しもポカポカと暖かく、今日は絶好のさんぽ日和です。普段は電車の乗り換えなどで、慌ただしく通り過ぎてしまう東京駅ですが、駅の周辺には近代的なオフィスビルだけでなく歴史ある建物も多いことに気がつきます。歴史を知ることで、東京の街がますます好きになりました。

ROUTE

START

JR 東京駅

❶ 東京駅丸の内駅舎
❷ KITTE
❸ 旧東京中央郵便局長室
❹ 皇居
❺ 三菱一号館美術館
❻ Café1894
❼ Store1894

GOAL

TOTAL 5時間30分

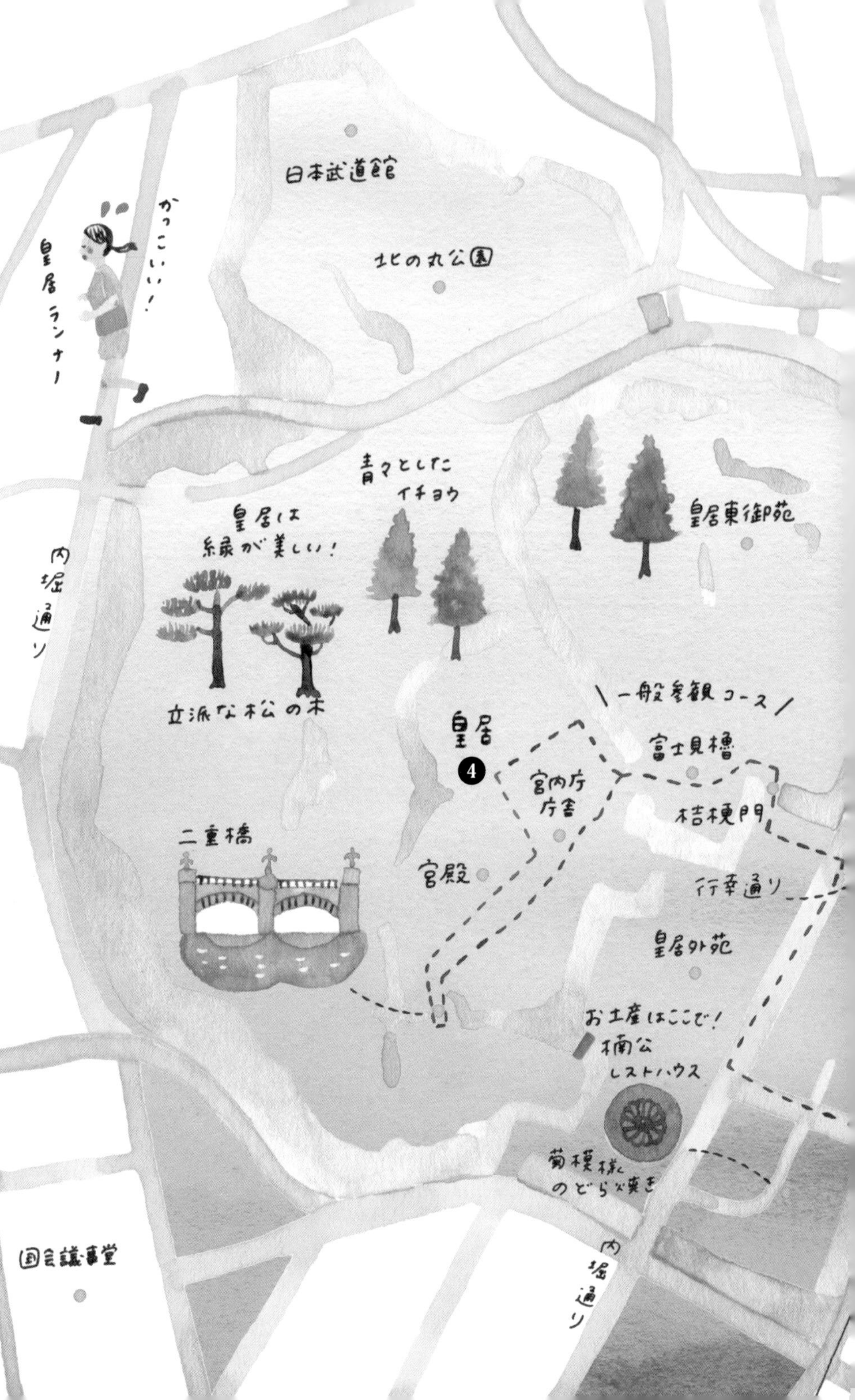
日本武道館
北の丸公園
かっこいい!
皇居ランナー
青々としたイチョウ
皇居東御苑
皇居は緑が美しい!
内堀通り
立派な松の木
一般参観コース
皇居
4
富士見櫓
宮内庁庁舎
桔梗門
二重橋
宮殿
行幸通り
皇居外苑
お土産はここで!
楠公レストハウス
菊模様のどら焼き
国会議事堂
内堀通り

東京駅丸の内駅舎

トウキョウエキマルノウチエキシャ

MAP 1

千代田区丸の内1

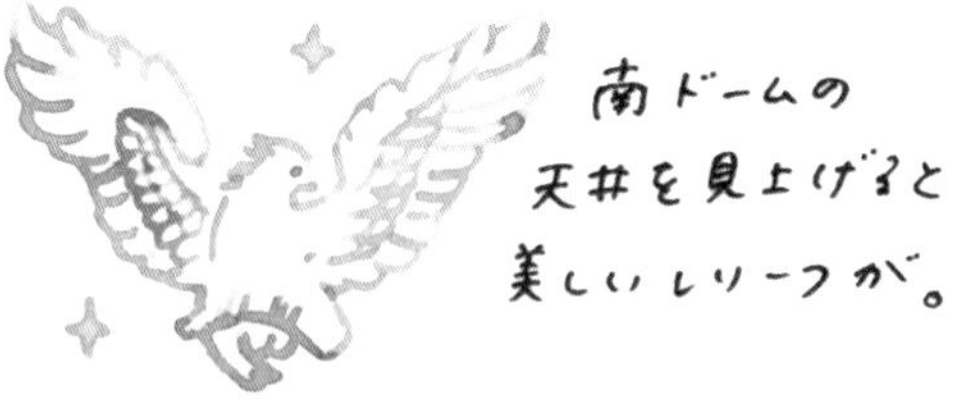
南ドームの
天井を見上げると
美しいレリーフが。

外壁のレンガも一部
創建時のものを使用しています。

駅前でスケッチする
ご婦人。
皆思い思い
に過ごして
います。

東京の中心で大正ロマンに浸る

長い改修工事を経て、大正3年の建築当時の姿に復原された丸の内駅舎。南北にあるドームの頭上に広がる美しいレリーフは、創建時のパーツが使われ、新旧が見事に調和しています。時代をまたぎ、まるで当時にタイムスリップしたかのようです。東京駅を一望するなら、「KITTE」4階・6階にあるビュースポットがおすすめです。

KITTE

キッテ

MAP ❷

千代田区丸の内2-7-2　☏03-3216-2811 (10:00～19:00)
🕓ショップ11:00~21:00、日・祝～20:00、レストラン11:00～23:00、日・祝～22:00　※一部店舗により異なる / 不定休

丸の内駅舎
ビュースポット

KITTE 6Fの屋上庭園。
駅のすぐ横なので、
電車も見られます！

旧東京中央郵便局長室

キュウトウキョウチュウオウユウビンキョクチョウシツ

MAP ❸

KITTE 4F　☏03-3216-2811(10:00～19:00)
🕓11:00~21:00、日・祝～20:00 / 不定休

KITTE 4F・旧東京中央
郵便局長室の窓からも
駅舎が顔をのぞかせます。

歴史を感じる黒電話。

一号館広場は憩いの空間です。

「印象派からその先へ―」
（2019年の展示です）
ルノアール作
シュザンヌ・アダン嬢の肖像

パステル画のやわらかい色合い。

4月にはバラが咲きほこります。

三菱一号館美術館 MAP ❺

ミツビシイチゴウカンビジュツカン

千代田区丸の内2-6-2
☎050-5541-8600（ハローダイヤル）
◷10:00~18:00、金~21:00※最終入館は閉館の30分前／月・展示替え期間休
¥展示により異なる

赤レンガに引き寄せられる日本随一の西洋美術館へ

東京駅から歩いて５分。「ＫＩＴＴＥ丸の内」から有楽町方面に進むと見えてくる、赤いレンガ造りの「三菱一号館美術館」へ。ひとつひとつの絵画と対話することは、とても贅沢な時間。美術館に行った後は、自分の絵とも向き合いたくなります。鑑賞後は、併設されている「Ｃａｆé１８９４」「Ｓｔｏｒｅ１８９４」もぜひ覗いてほしいです。「Ｃａｆé１８９４」は１８９４年当時の銀行営業室を復元した店内。クラシカルな装いで、じっくり展示の余韻に浸ることができます。「Ｓｔｏｒｅ１８９４」は展示にちなんだオリジナルグッズが豊富で、見ているだけで楽しめます。東京駅周辺は美術館も多いので、美術館のはしごもおすすめです。

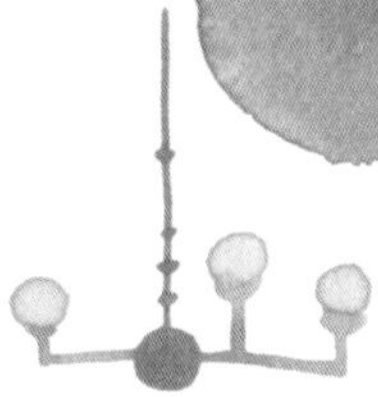

Café1894
カフェイチハチキューヨン

MAP 6

三菱一号館美術館1F　☎03-3212-7156
🕓11:00~23:00（LO22:00）/ 不定休

クラシックアップルパイ　930円

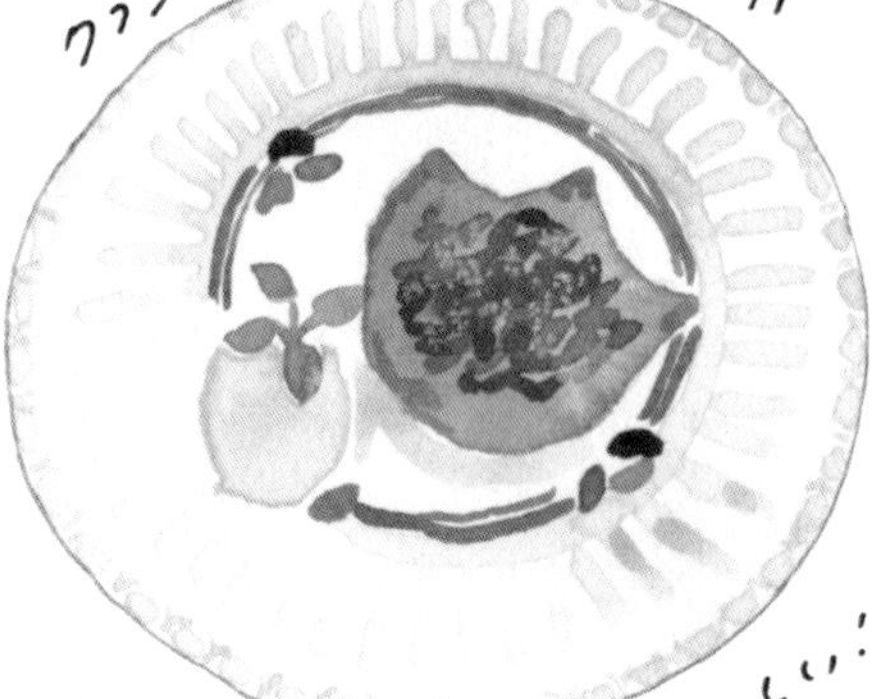

シナモンが効いていて おいしい!

かつて銀行営業室として利用されていた場所。美術館鑑賞の後、寄るのが楽しみです。

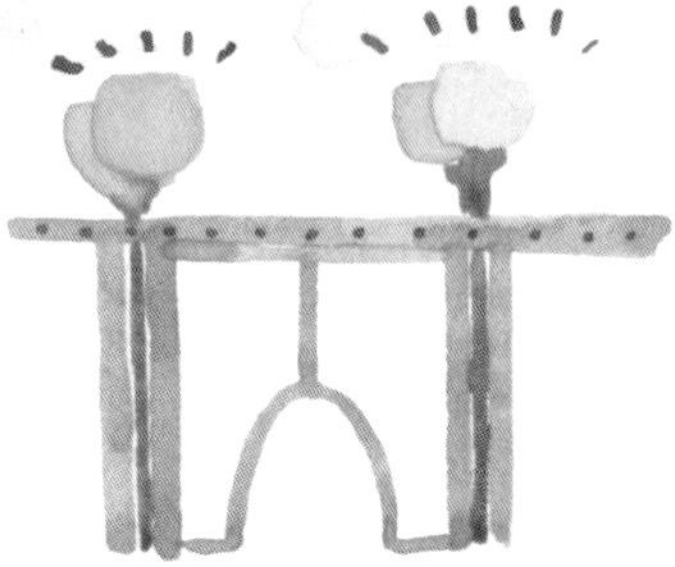

窓口になっている銀行カウンター

Store1894
ストアイチハチキューヨン

MAP 7

三菱一号館美術館1F　☎03-3212-7155
🕓10:00~18:00 / 月・展示替え期間休

ここにしかないオリジナルグッズが沢山。他とは一味違うミュージアムショップです。

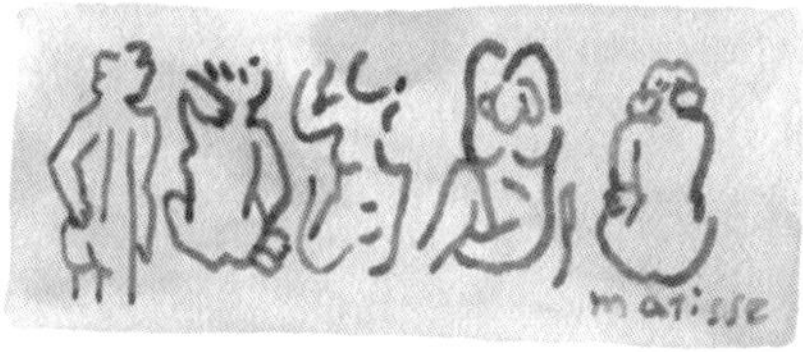

マティスの手ぬぐいとトートバッグ!線画ですが素敵だ…

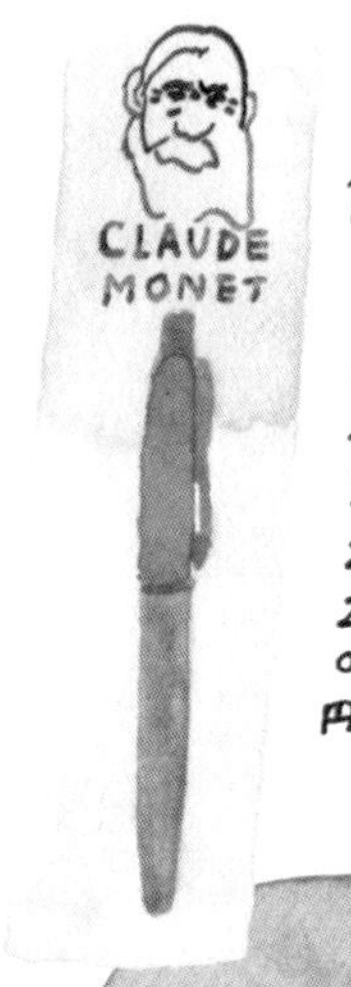

一号館ボールペン220円

画家をイメージした色合い
私はモネにしました。

江戸城の最も古い櫓《やぐら》です。
どこから見ても同じ造りに見えるのだそう。
富士見櫓

ベテランガイドさん
軽快なトークで始終なごやかなツアーでした。

江戸時代はここから富士山が見えたそうです!
感動した宮殿東庭。テレビで見るより大きい!

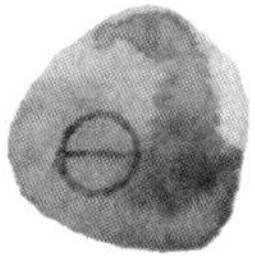
石垣には家紋が!

木々の中にはハートのイチョウが隠れてます。

皇居

コウキョ

MAP ❹

千代田区千代田1-1

皇居一般参観

皇居桔梗門前(整理券配布場所) ☏03-5223-8071
🕓1日2回、整理券配布は9:00~、12:30~ / 日・月、祝ほか休 ※本人確認できるものを持参。詳細はHPで確認

皇居の歴史に触れる一般参観

せっかく新年号になったのだから! と思い立ち、やって来ました皇居外苑。先着順ですが、当日でも決まった時間に案内してもらえる一般参観があると知り、張り切って参加してきました(参加費は無料で、所要時間は約1時間)。ベテランガイドさんが時々クスッと笑えるようなエピソードを交えながら、歴史について理解を深めることができました。特に東殿宮庭を見ることができ、感動もひとしお。また次回も計画しなくては!

OSANPO SNAP @ TOKYO STATION, MARUNOUCHI, IMPERIAL PALACE

東京ステーションギャラリーから駅ドームを見渡せます。

ドーム内に干支の彫刻りが。

巨大ターミナル！

◎皇居一般参観◎

木々が立派！

京都・伏見城から移築されたと伝えられている伏見櫓。

宮内庁庁舎

江戸城桜田巽櫓は外からでも見られる。

若者に混じる作者。

若い女性の姿も。

夜のビル群の明かりがキレイ…

明治生命館の外観。重要文化財になっています。

三菱一号館美術館は1894年に建設した「三菱一号館」を復元したもの。

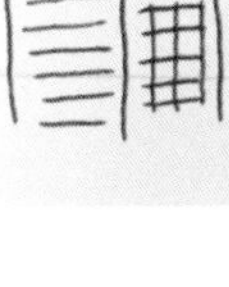

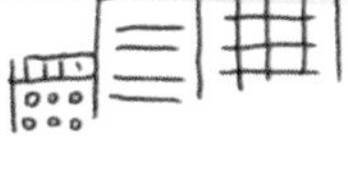

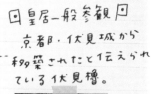

ウニャニャ
ネコの街
谷根千
山手線
日暮里
卍
谷中霊園
上野桜木あたり
6 VANER
7 OshiOlive
いせ辰の
鯉のモビール
スカイザバスハウス
5
上野桜木
東京藝術大学

5
March

猫の街の夕焼けさんぽ

谷根千

まったり古民家さんぽのすすめ

谷中、根津、千駄木からなる谷根千エリアは、古民家を活かしたお店も多く、道草も楽しい場所。東京藝術大学も近く、アートの街という面も持ち合わせています。下町の懐かしい雰囲気のなか、気取らずにいられることも魅力のひとつ。絵の学校に通っていた頃、友人のギャラリーやカフェで初めて展示をした、馴染みのある街です。猫の姿を見て誘われるままに後を追いかけ、自由きままにさんぽしてきました。

ROUTE

START

東京メトロ千代田線 千駄木駅

1. 菊寿堂いせ辰谷中本店
2. GOAT
3. 亀の子束子 谷中店
4. ボンジュールモジョモジョ
5. スカイザバスハウス
6. VANER
7. OshiOlive
8. 朝倉彫塑館
9. 夕やけだんだん
10. TAYORI

GOAL

TOTAL 5時間30分

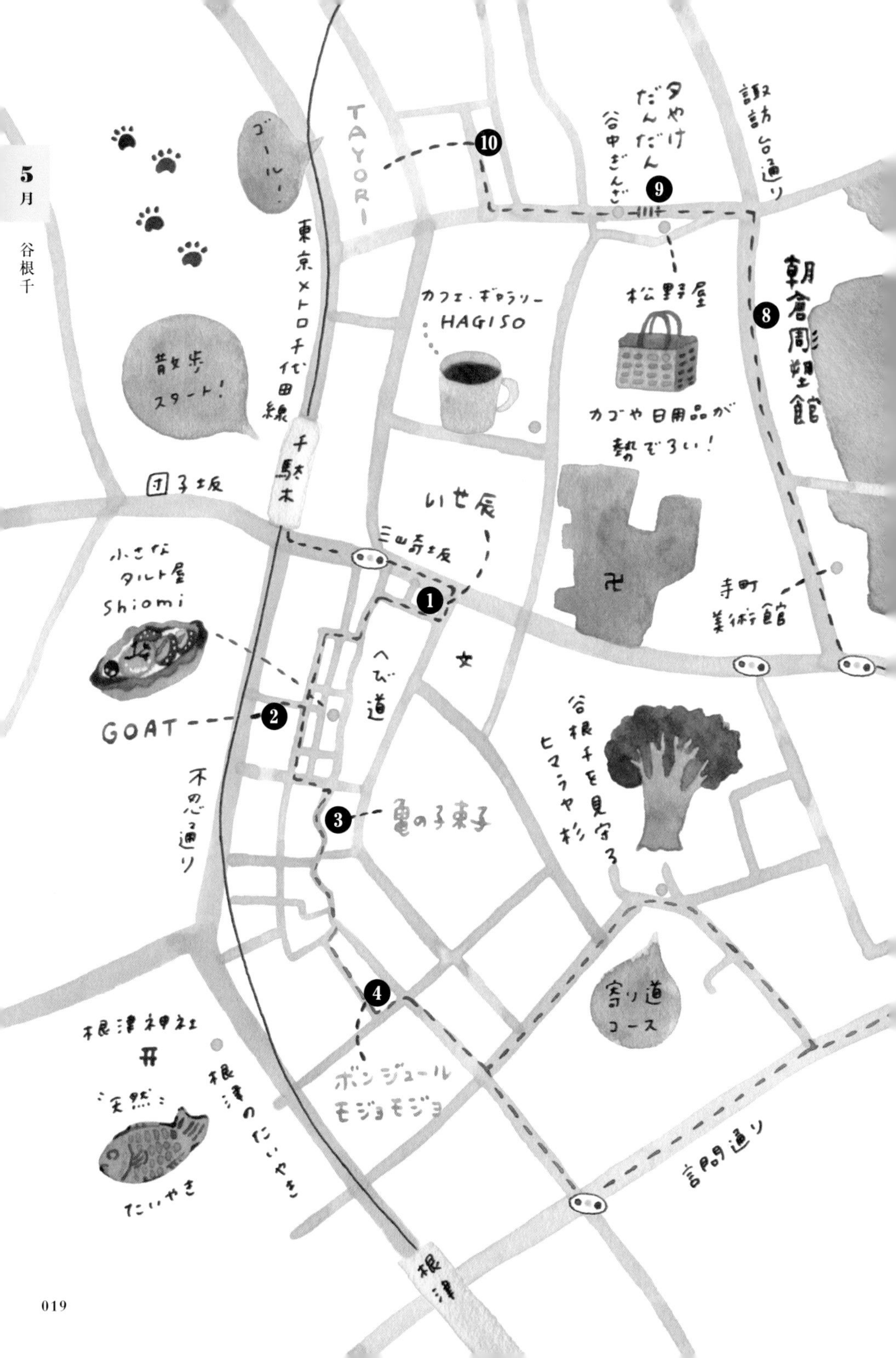
ゴール！
TAYORI
10
夕やけだんだん
谷中ぎんざ
9
諏訪台通り
東京メトロ千代田線
カフェ・ギャラリー HAGISO
松野屋
8
朝倉彫塑館
散歩スタート！
カゴや日用品が勢ぞろい！
千駄木
団子坂
いせ辰
三崎坂
小さなタルト屋 Shiomi
1
寺町美術館
へび道
GOAT
2
谷根千を見守るヒマラヤ杉
不忍通り
3
亀の子束子
寄り道コース
4
根津神社
根津のたいやき
"天然"
たいやき
ボンジュールモジョモジョ
言問通り
根津

へび道に迷い込んで お買い物さんぽ

千駄木駅から三崎坂方面に向かうと、その名の通りくねくねと入り組んだ「へび道」が。ひっそりと秘密基地のように佇む、個性的なお店が集まっています。その中でもおすすめが、動物パンのお店「ボンジュール モジョモジョ」。地元の子どもたちに大人気で、かわいい見た目ながら、味も本格的。へび道を抜ける頃には、購入したお気に入りの品でカバンがいっぱいです。

千駄木駅から
散歩スタート！

菊寿堂いせ辰 谷中本店

MAP 1

キクジュドウイセタツヤナカホンテン

台東区谷中2-18-9　☎03-3823-1453
◷10:00~18:00 / 無休

心躍るよ紙の世界。

レターセット 880円

かわいい柄ばかり。

伝承版画の技術を守る江戸千代紙店です。

ポチのし 275円

江戸犬張子がお出迎え。

↓

GOAT

ゴート

MAP 2

文京区千駄木2-39-5-102　☎非公開
◷13:00~19:00、土・日12:00~18:00 / 月~水休

懐かしの図書貸出カード！
159円…

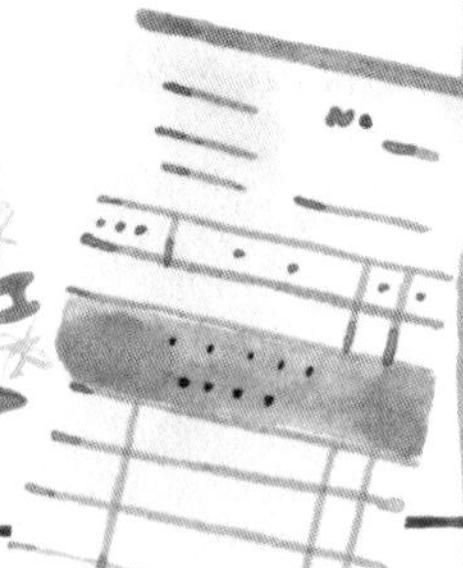

迷い込んだ路地の先で文房具屋を発見！

消すのが楽しい
富士山消しゴム…

心惹かれるサンマのペンケース。

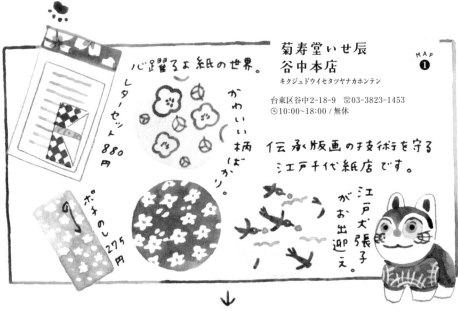

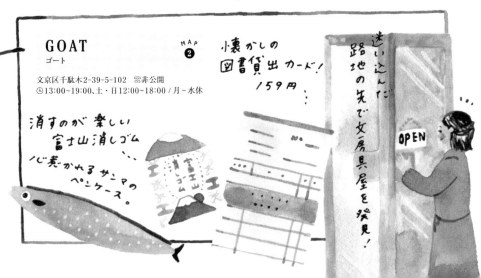

亀の子束子 谷中店

カメノコタワシ ヤナカテン

MAP ❸

台東区谷中2-5-14 ☎03-5842-1907
🕒11:00~18:00 / 月（祝日の場合は翌火）休

くねくねへび道の先には
かわいい動物達が待っています。

亀のマークでお馴染み
タワシのお店。

大正時代の
イラストが描かれた
紙袋に入れてくれます。

水切れが良いよ！

亀の子スポンジ 330円

商品名は「サトオ」さん。

ボディ用たわしも！

990円

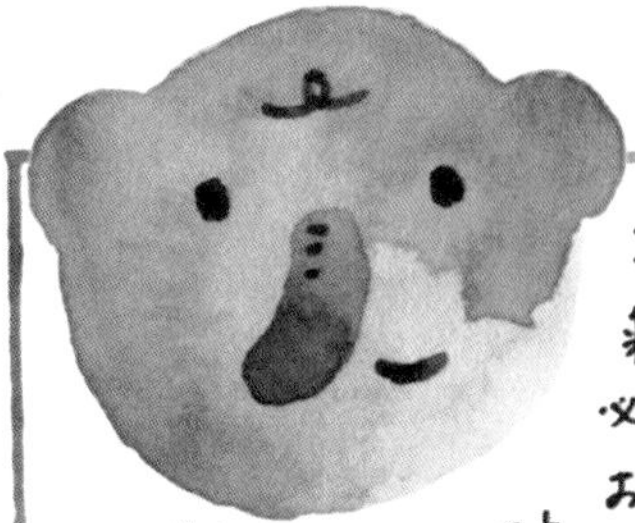

谷根千に
来たら、
必ず立ち寄る
お店。

ボンジュール モジョモジョ

MAP ❹

文京区根津2-33-2 1F ☎非公開 🕒11:00~
売り切れ次第閉店 / 月・火休（不定休あり）

ベーコン　ポテト

各220円

つぶあん・いちごジャム・クリームパン
動物パンが並ぶ
愛らしいパン屋さん。
ほんのり甘めの生地で
おいしい！

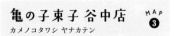

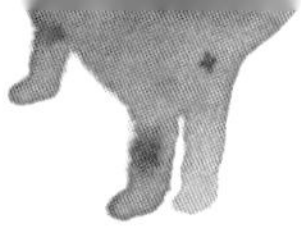

再生される古民家めぐりも楽しい

桜並木が続く谷中霊園の近くにはお寺が多く、付近にはリノベーションした古民家も立ち並び、昭和の雰囲気に包まれています。モノを再利用してセンスよく活かす、日本のモノづくりの精神を随所に垣間見ることができ、世界に通用する日本の文化を体感することができます。懐かしい気分にさせてくれる居心地の良さに、どこの場所でもすっかり長居してしまいました！日向ぼっこをしながら寝ている猫を横目に、さあ出発。

スカイザバスハウス

MAP 5

台東区谷中6-1-23　☏03-3821-1144
◷12:00~18:00 / 日・月・祝、展示替え期間休

銭湯かな？
とのぞいてみると、
なんと現代アート
のギャラリー！
中もかっこいいです…！

路地裏にひときわにぎわう場所が。古民家を改装した施設「上野桜木あたり」にある2店舗を紹介します！

↓

VANER

ヴァーネル

MAP 6

台東区上野桜木2-15-6 上野桜木あたり2
☏03-5834-8137　◷9:00~18:00 / 月・火休

「VANER」は
ノルウェー産
小麦を使用した
パン屋さん。

作業する
様子を見られ
ます！

花のよう…！

大好物のシナモンロール。

焼きたて
クロワッサン。

OshiOlive

オシオリーブ

MAP 7

台東区上野桜木2-15-6 上野桜木あたり2
☏03-5834-2711 ◷10:30~19:00、
月･祝日の翌日11:30～15:30/無休

日本初の塩とオリーブオイル専門店。

試食させていただいて、オリーブオイルの概念が変わりました!

外観も渋いなあ…

蘭の間から天井を見上げるとほらそこにも作品が!

朝倉彫塑館

アサクラチョウソカン

MAP 8

台東区谷中7-18-10 ☏03-3821-4549
◷9:30~16:30(入館は16:00まで) /月・木休
㊎一般500円 ※入館時靴下着用

以前より訪れてみたかった美術館。彫刻家、朝倉文夫の住居兼アトリエだった場所です。

夕やけだんだん

ユウヤケダンダン

MAP ❾

荒川区西日暮里3-14

夕やけだんだんから見える夕日は格別!
谷中ぎんざで食べ歩きをしよう♪
あつあつメンチ

↓

TAYORI

タヨリ

MAP ❿

台東区谷中3-12-4　☏03-5834-7026
⏰11:00~15:00、17:00~22:00、
上・日・祝11:00~22:00 / 火休

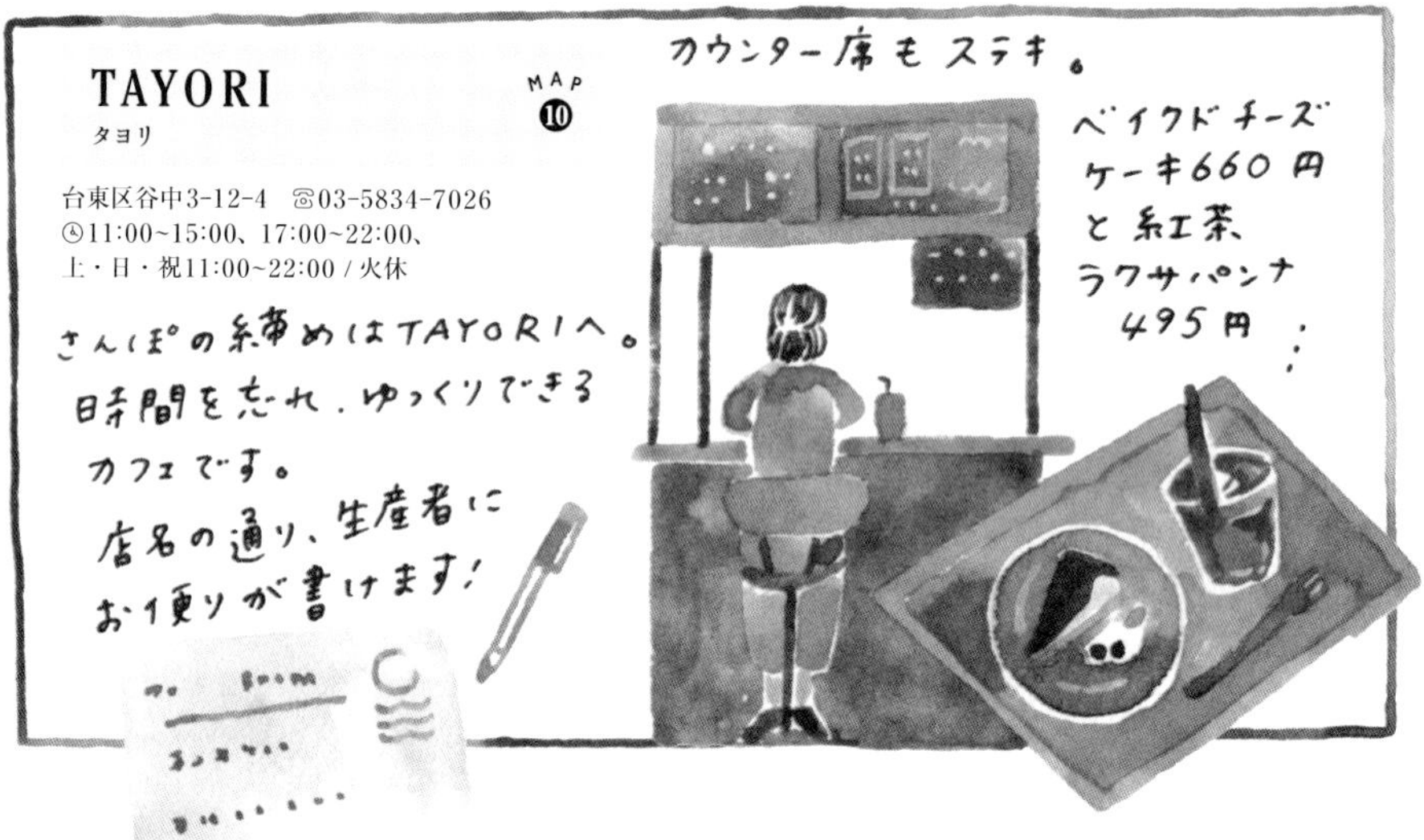

カウンター席もステキ。
ベイクドチーズケーキ660円と紅茶ラクサパンナ495円…
さんぽの締めはTAYORIへ。
時間を忘れ、ゆっくりできるカフェです。
店名の通り、生産者にお便りが書けます!

ゴール!
ねむねむ

夕焼け小焼け また明日

夕やけだんだんと呼ばれる階段に着くと、ちょうど夕日が沈む頃。夕焼けを眺めた後、谷中ぎんざで食べ歩きをしていると、郵便屋さんのイラストが書かれた看板が。カフェ「TAYORI」はお惣菜とお弁当とコーヒーのお店。店内にはポストと生産者の方にお便りが書けるスペースがあり、手紙を出すことができます。感謝の気持ちを込め、手紙を出してきました。

OSANPO SNAP @ YANESEN

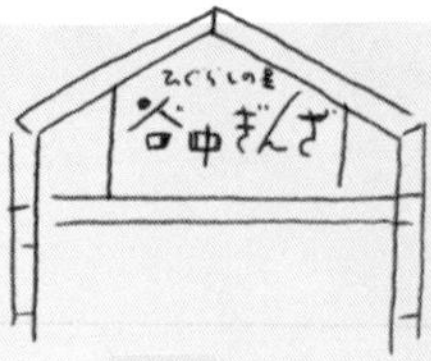

一枚おせんべい
下さいな。

しょうゆ味の
堅焼き
せんべい。

二階の戸袋が
美しい、ブリキ屋さん。

上野桜木あたり
は女性に大人気。

壁
には
絵馬
が
ズラリ。

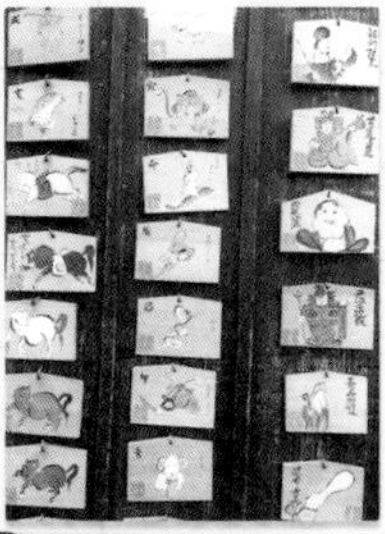

何のお店
だろう？

谷中では
ネコモチーフにも
よく出会います。

ギャラリーと畳屋さんが
並ぶ壁にアート
作品を発見。

朝倉
彫塑館

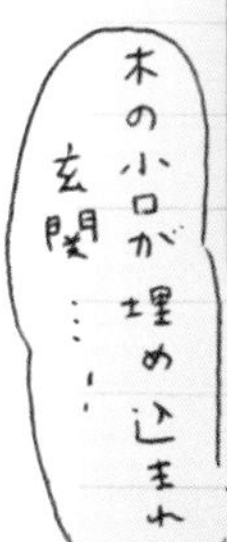

木の小口が埋め込まれた
玄関…！

作品はもちろん、
建物も何度も
訪れたいほど
素晴らしかった。

六方石の
入口には苔が生え、
いい味わい。

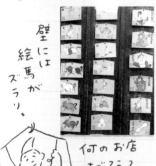

湯

署

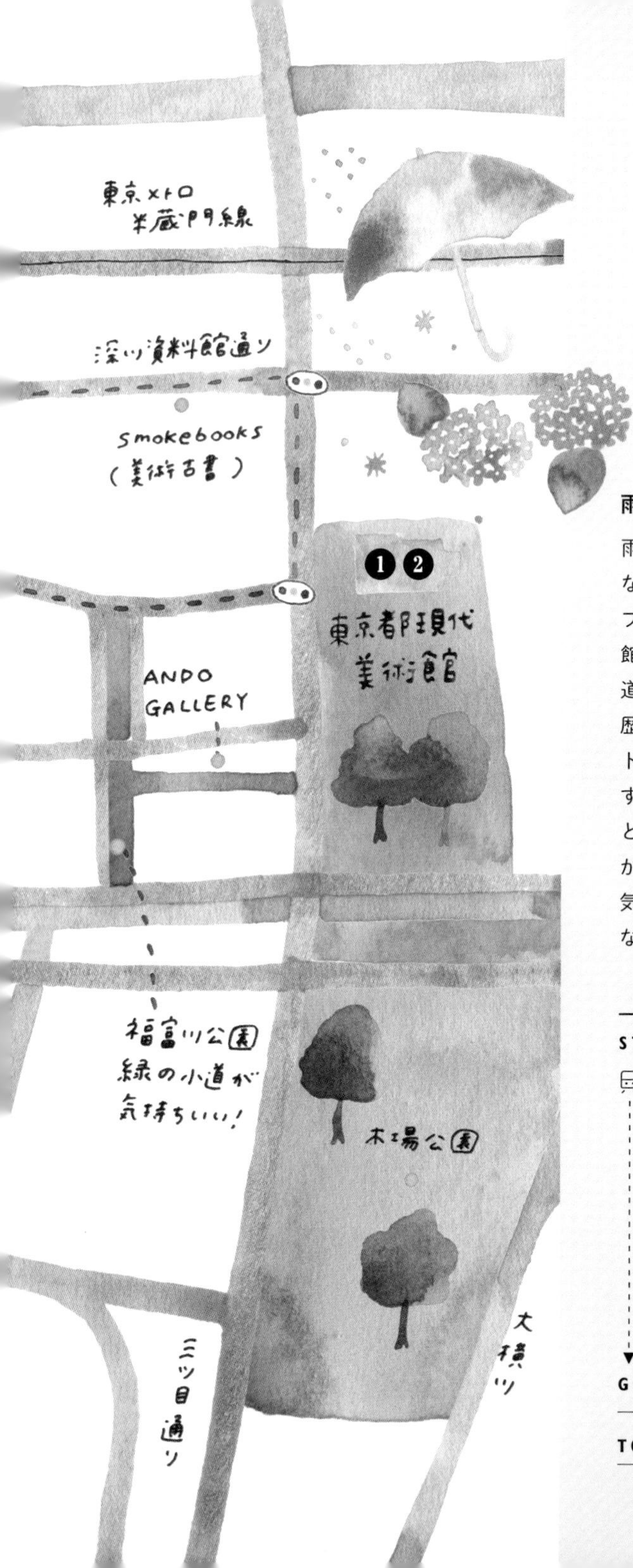

東京メトロ
半蔵門線
深川資料館通り
smokebooks
(美術古書)
❶❷
東京都現代美術館
ANDO GALLERY
福富川公園
緑の小道が
気持ちいい！
木場公園
三ツ目通り
大横川

6

June

雨ふりアートさんぽ

清澄白河

雨の日は、アート＆コーヒー

雨が降ると、室内にこもりがち。そんな日はお気に入りの傘を持ち、レインブーツを履いて、屋内で楽しめる美術館へ。清澄白河は松尾芭蕉の「奥の細道の出発地点」とも言われています。歴史ある街並みを残しながらも、アート作品が時折お出迎えをしてくれます。また、近年は「コーヒーの聖地」と呼ばれるほど、こだわりのコーヒーが飲めるカフェが続々とオープン。お気に入りの一杯を探しに、雨宿りをしながら雨の日を楽しみましょう！

ROUTE

START

東京メトロ半蔵門線、都営地下鉄大江戸線
清澄白河駅

❶ 東京都現代美術館
❷ 二階のサンドイッチ
❸ コシラエル
❹ ブルーボトルコーヒー
清澄白河フラッグシップカフェ
❺ ババグーリ
❻ MONZ CAFE
❼ 成田山深川不動堂

GOAL

TOTAL 5時間30分

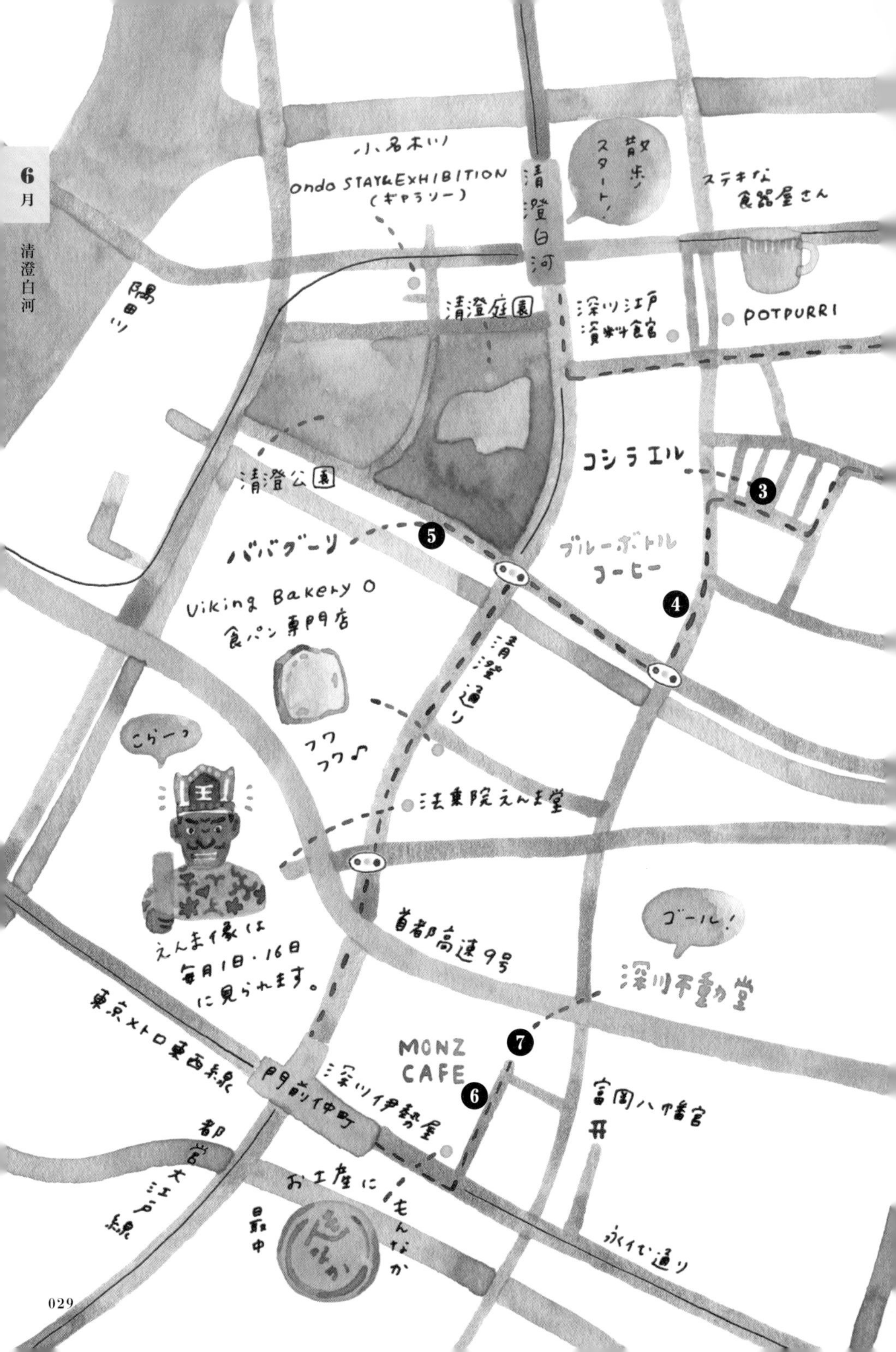
小名木川
ondo STAY&EXHIBITION
(ギャラリー)
清澄白河
散歩スタート!
ステキな食器屋さん
POTPURRI
深川江戸資料館
清澄庭園
隅田川
コシラエル
3
清澄公園
5
ババグーリ
ブルーボトルコーヒー
4
Viking Bakery O
食パン専門店
清澄通り
フワフワ♪
こらーっ
法乗院えんま堂
えんま像は
毎月1日・16日
に見られます。
首都高速9号
ゴール!
深川不動堂
7
MONZ
CAFE
6
東京メトロ東西線
門前仲町
深川伊勢屋
富岡八幡宮
都営大江戸線
お土産に もんなか
最中
永代通り

東京都現代美術館

トウキョウトゲンダイビジュツカン

MAP ❶

江東区三好4-1-1　☏03-5777-8600（ハローダイヤル）
🕒10:00~18:00（展示室入場は閉館の30分前まで）/
月（祝日の場合は翌平日）、展示替え期間休
¥企画展により異なる

ただいま
はじめまして

2019年にリニューアル・オープンした「東京都現代美術館」。雨の日は館内の大きな窓にきらきらとした雨つぶが滴り落ちて、身近なものをアートとして感じることができます。訪れた際に開催されていた企画展の名前は、「ただいま／はじめまして」。作品の意味を考え、時に立ち止まり、楽しく鑑賞しました。

MOT
美術館の外にも作品が沢山。
周りを
散策しても
楽しめます！
公園口広場
にある
「発見の塔」
曲線が
ユニーク。

季節のイベント

コレクション・企画展示をレポートします♪

この日は「あそびのじかん」展が開催されていました。
参加型の企画展でした!

ボタンを台座に投げる参加型の作品。

広い館内では現代アートを展示。ひとつひとつの作品をじっくり見ることができます。

コレクション展の入口にあるオブジェ…

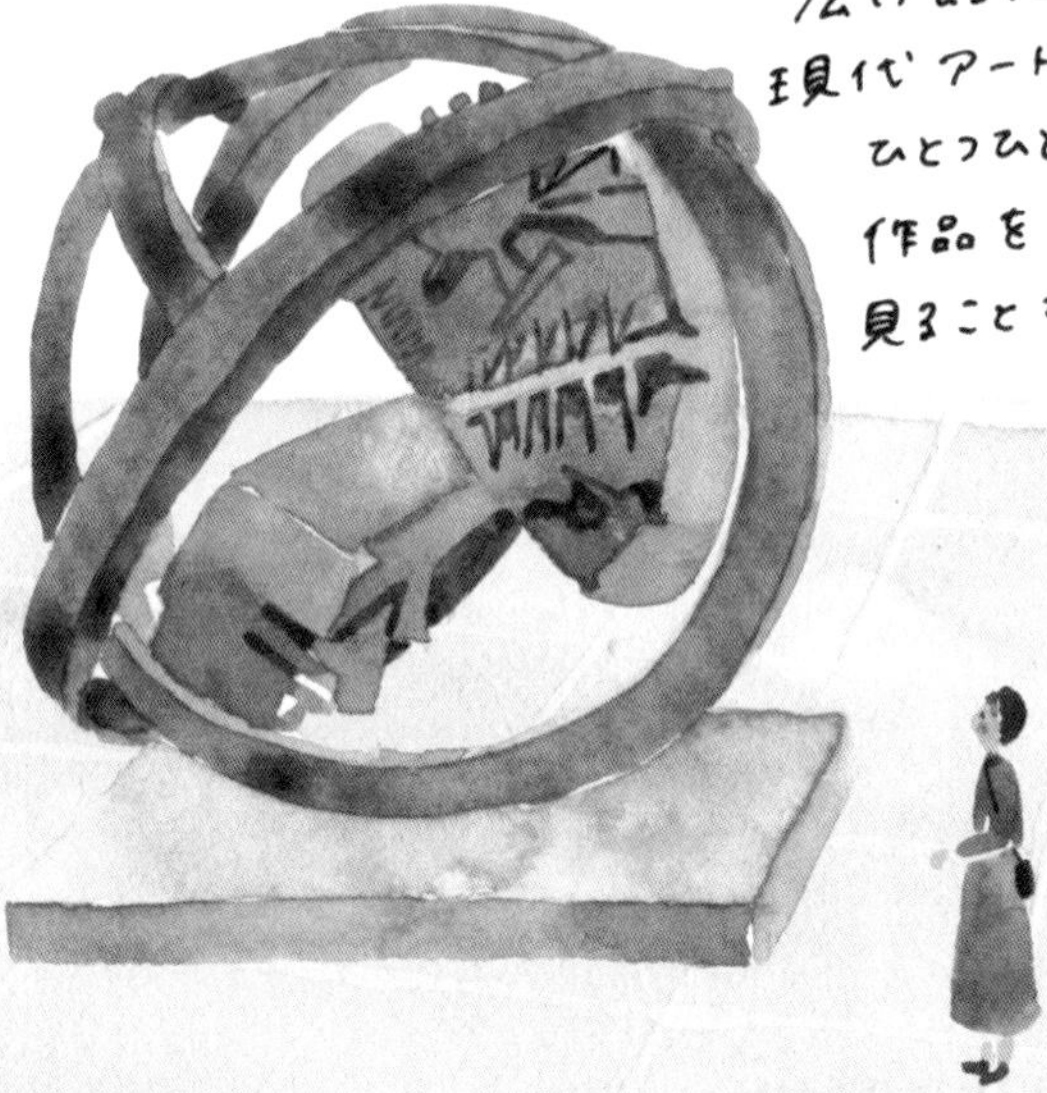

館内のいろんな場所にある「点音」足を乗せてみると…

耳をすませてみて!

二階のサンドイッチ MAP ❷
ニカイノサンドイッチ

東京都現代美術館内　☎03-6458-5708
🕓10:00~18:00 (LO 17:30) / 美術館に準ずる

自家製カスタードとフルーツの…

クロワッサンサンドイッチ
630円

アートを鑑賞した後はひと休み。
すっきりとした甘さ。
蜂蜜とレモンのジャスミンティー
600円

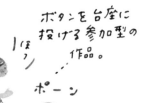

リニューアルオープンした店内。
開放的な空間です。

マグカップ。
愛用してます。
コーヒーのいい香り！
犬の散歩中に立ち寄る人も。

ブルーボトルコーヒー 清澄白河 フラッグシップカフェ

MAP 4

ブルーボトルコーヒー キヨスミシラカワフラッグシップカフェ

江東区平野1-4-8　☎非公開　🕒8:00～19:00 / 無休

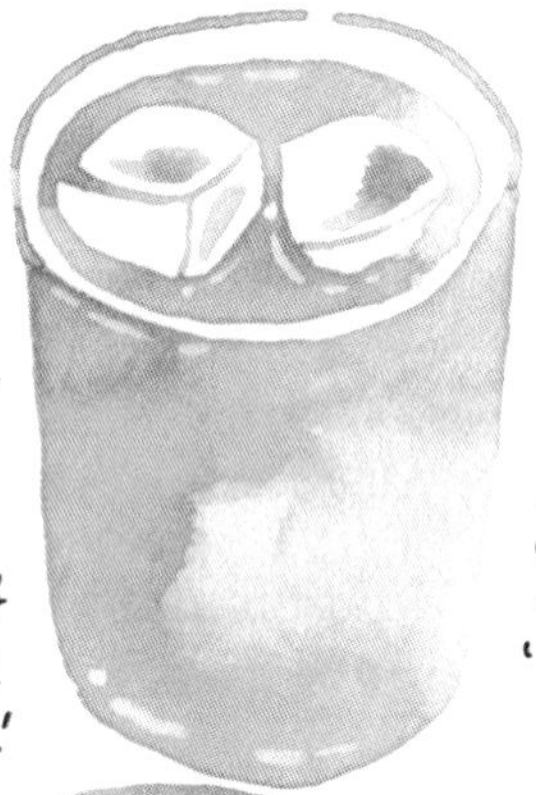
カフェラテが一番好き！
コーヒー豆も選べます。
615円
砂糖なしでもおいしい。

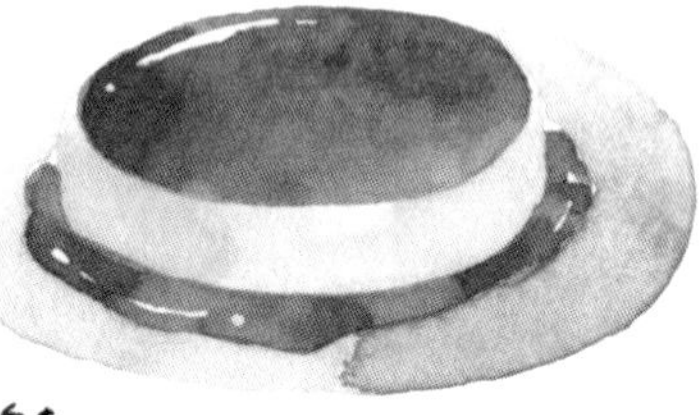
ここでしか味わえないメニューもあります。
魅惑のぷるぷるプリン 648円

清澄白河店ではおいしいコーヒーが淹れられるドリップクラスや、トレーニングラボがあります！
スタッフの皆さん
気さくに話しかけてくださいます♡

コーヒーの香ばしい匂いに包まれて

こだわりの一杯を、自分だけのために丁寧に抽出してくれるスペシャルティコーヒー。そんなコーヒーが飲める「ブルーボトルコーヒー」の日本一号店が清澄白河にあります。席に着くと、スタッフの方が「こちらのデザートには、このコーヒーが合いますよ！」と声をかけてくれるなど、おもてなしの気持ちもとても心地よいお店でした。

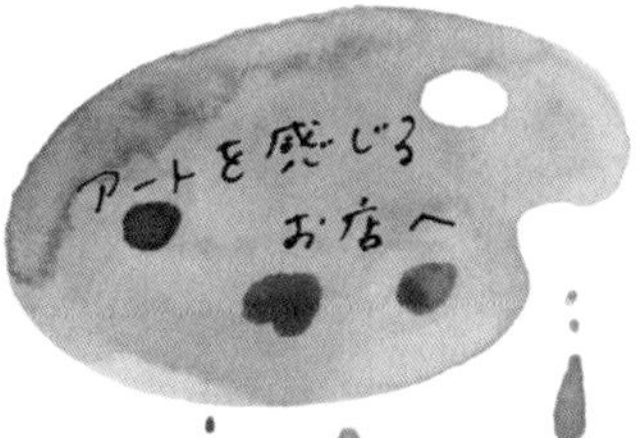
アートを感じるお店へ

コシラエル

MAP
3

江東区三好2-3-2 1F　☏03-6325-4667
🕚11:00~18:00 / 無休

住宅街の路地裏にある傘の専門店。雨の日が特別になりそう！

Coci la elle

フリンジが"ふさふさ"キュートな日傘。

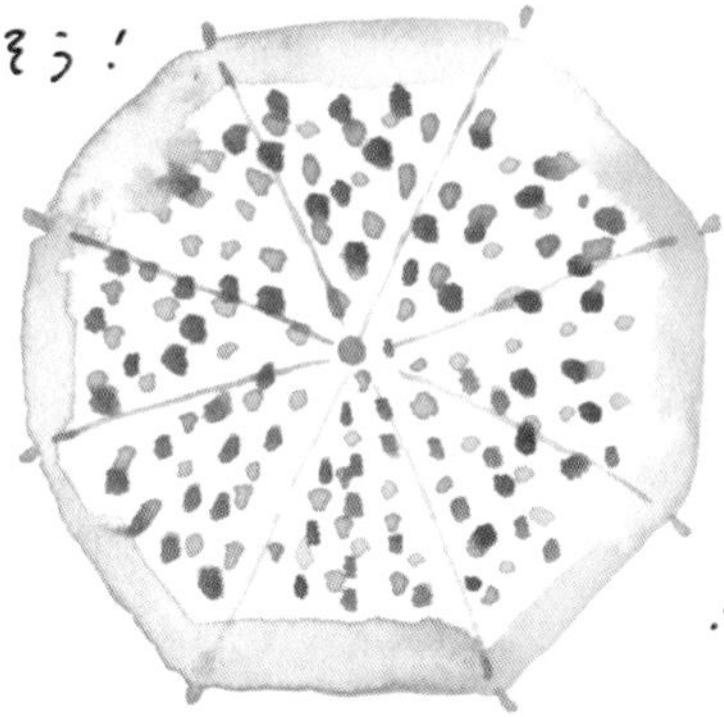

キャンバスのよう…

ババグーリ

MAP
5

江東区清澄3-1-7　☏03-3820-8825
🕚11:00~19:00 / 火休

川沿いを散策していると、蔦が生い茂る建物が…心地良い空間のセレクトショップに出会いました！

気持ちがしゃんとする洋服が沢山！

ワイヤーの取っ手…

美しい手仕事。

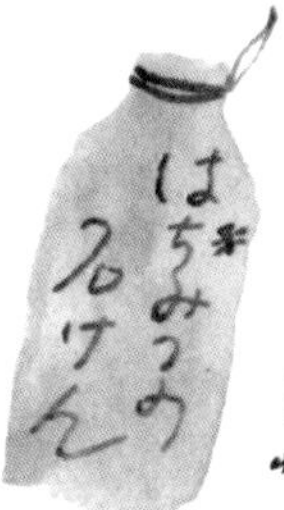
はちみつ石けん

パッケージがおしゃれ。

ババグーリ

MONZ CAFE

MAP 6

モンズカフェ

江東区富岡1-14-5　☎03-6873-0835
🕒8:00~19:00、土・日・祝9:00~18:00 / 無休

深川不動堂に行く前に、参道にあるカフェで雨宿り。
ラテ 520円（税抜）
ベイクドケーキ キュートです。550円（税抜）

成田山深川不動堂

MAP 7

ナリタサンフカガワフドウドウ

江東区富岡1-17-13　☎03-3641-8288
🕒8:00~18:00、内仏殿（2・4F）9:00~16:00、内仏殿（1F）9:00~17:45 / 無休

本堂 真言梵字壁
不動明王の真言が書かれているそう。

ズームアップ
境内に入ると圧倒される壁の文字。大・大・大迫力！

旧本堂 おねがい不動尊
旧本堂にあるお不動様。力強い表情に見入ってしまいました。

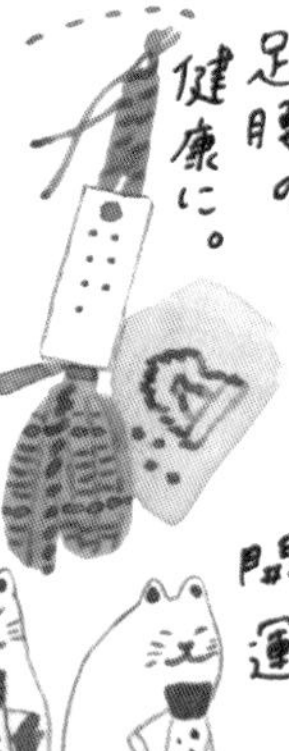

お守り
足腰の健康に。
わらじお守り

願掛けきつね
開運

庶民に親しまれる深川のお不動さん

清澄白河から歩いてすぐの門前仲町まで足を延ばし、江戸庶民から親しまれてきた「深川不動堂」へ。ご本尊のお不動様の表情は、なんだか心の中を覗かれているよう。昔ながらの素朴な和菓子店や、おせんべい屋さんなどが立ち並ぶ和やかムードの参道で、目についたのは「MONZ CAFE」。雨宿りにもう一杯だけ！とお店におじゃましました。

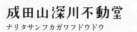

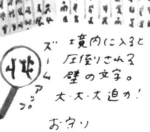

OSANPO SNAP @ KIYOSUMISHIRAKAWA

ビルに反射して映る空が美しい。

東京都現代美術館

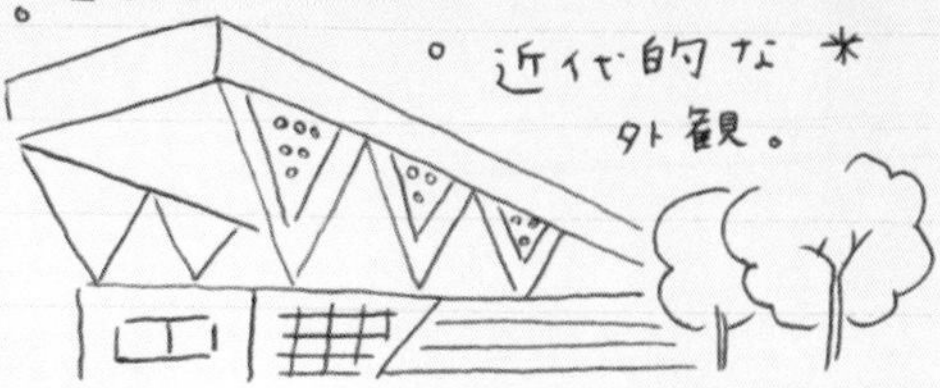

近代的な外観。

広いエントランス！木のぬくもりを感じられます。

参加型の展示はやっぱり楽しい！

アートに理屈はいらないのだ！

街で出会うアート作品

古本屋さんの窓辺。

壁には電柱の絵が！ユーモアたっぷり。

深川不動堂

人情深川ご利益通り

大きなわらじ！

深川不動堂はパワースポット！

お願いします…

ババグーリは、入る前からドキドキします。

SEASONAL TRIP 1.

SUMMER

〈〈夏のバカンス〉〉

沈む夕日を見に行こう

海風に吹かれて 鎌倉・江の島めぐり

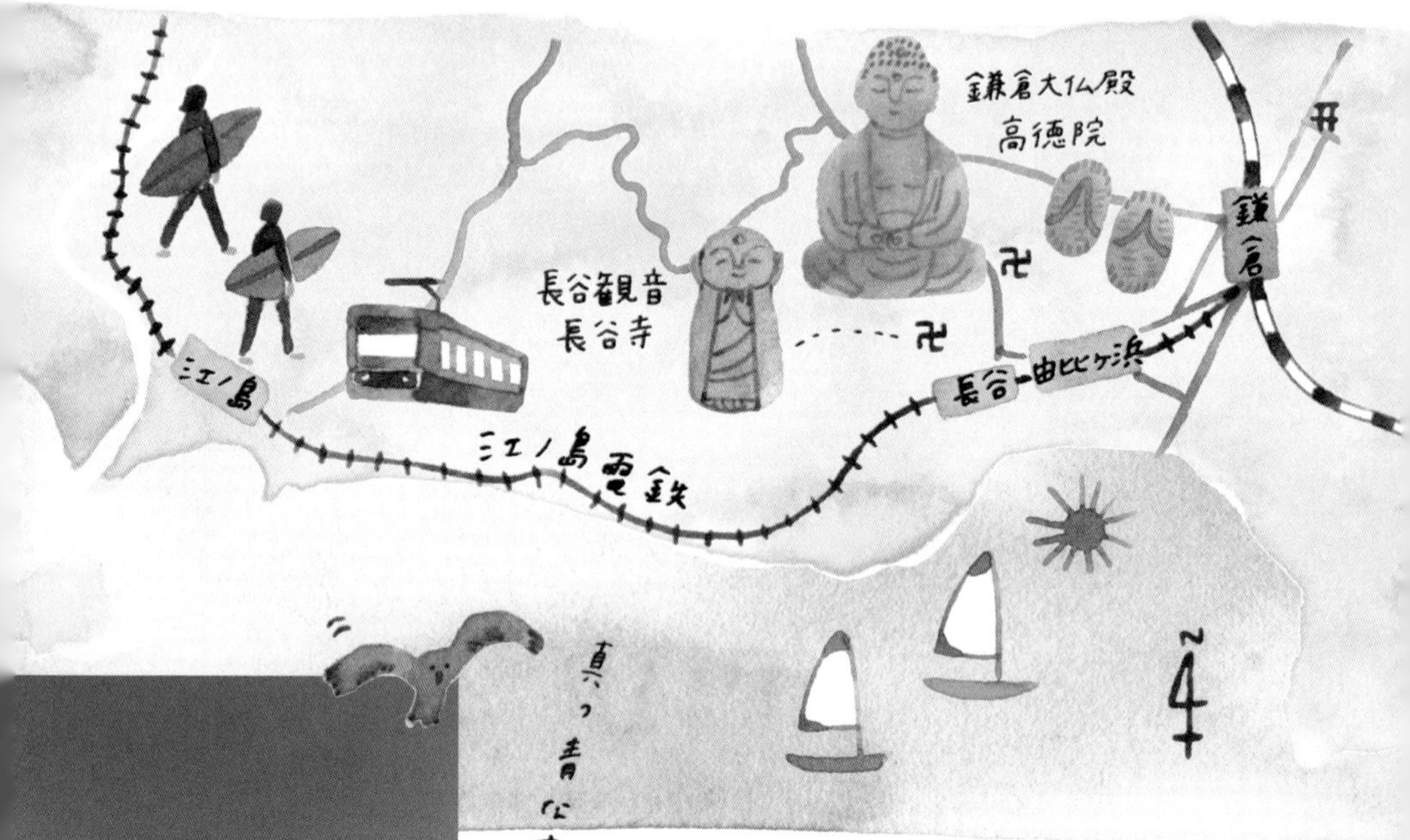
鎌倉大仏殿
高徳院
鎌倉
長谷観音
長谷寺
江ノ島
長谷
由比ヶ浜
江ノ島電鉄
真っ青な空!

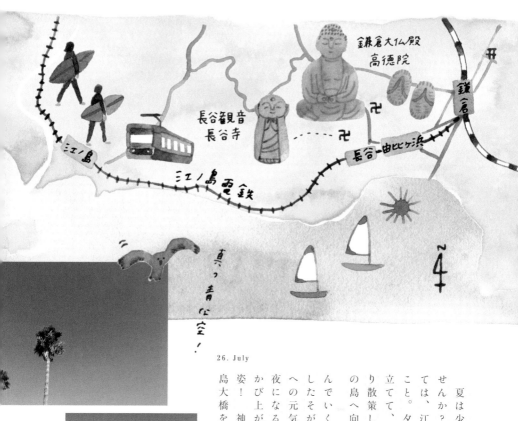

26. July

夏は少し遠出をしてみませんか？　この日のお目当ては、江の島で夕日を見ること。夕刻に合わせ予定を立てて、鎌倉の街をのんびり散策した後は江ノ電で江の島へ向かいます。海に沈んでいく夕日を眺め、しばしたそがれていると、明日への元気をもらった気分。夜になると海にポツリと浮かび上がる美しい江の島の姿！　神聖な気持ちで江ノ島大橋を後にしました。

鶴岡八幡宮
小町通り
若宮大路
ミルクホール
豊島屋
鎌倉
N

鶴岡八幡宮の入口にある三ノ鳥居

スタート！
定番土産、
鳩サブレー
648円
(5枚入り手提げ)
鎌倉に来たらまず行きたい！

SPOT 1) 豊島屋 本店

トシマヤホンテン　神奈川県鎌倉市小町2-11-19
☎0467-25-0810　🕘9:00~19:00 / 水不定休

SPOT 2) 鶴岡八幡宮

ツルガオカハチマングウ　神奈川県鎌倉市雪ノ下2-1-31　☎0467-22-0315　🕘6:00~20:30 / 無休

さんぽの始まり、
いい旅になるよう参拝へ。
鳥居の絵馬
鳩みくじ
彼岸花が咲いてました。

SPOT 5)

江島神社

エノシマジンジャ　神奈川県藤沢市江の島2-3-8
☏0466-22-4020　🕓8:30~17:00 / 無休

江島神社は三姉妹の女神様をお祀りする神社です。境内には三つの御社殿があります。

生しらす丼 1210円
大きいどんぶり!
生卵をかけて召し上がれ。

瑞心門と朱の鳥居。
ここから上へのぼると江島神社
辺津宮が見えてきます。

SPOT 4)

しらす問屋 とびっちょ 本店

シラスドンヤトビッチョホンテン　神奈川県藤沢市江の島1-6-7　☏0466-23-0041　🕓11:00~20:00 / 無休

江の島へ来たら、食べたかった生しらす丼のお店。

ジャズの流れる大正レトロなカフェ。バーカウンターがめちゃくちゃかっこいい!!

SPOT 3)

ミルクホール

神奈川県鎌倉市小町2-3-8　☏0467-22-1179
🕓11:00~20:30(LO20:00)、土・日・祝~21:30(LO21:00) / 不定休

ミルクホール
CAFE

自家製プリン
660円

SPOT 6)

江の島シーキャンドル

エノシマシーキャンドル　神奈川県藤沢市江の島2-3-28 江の島サムエル・コッキング苑内
☏0466-23-2444　Ⓛ9:00~20:00（最終入場19:30）/ 無休　¥江の島サムエル・コッキング苑大人200円、江の島シーキャンドル大人500円

高さ59.8mの展望灯台。

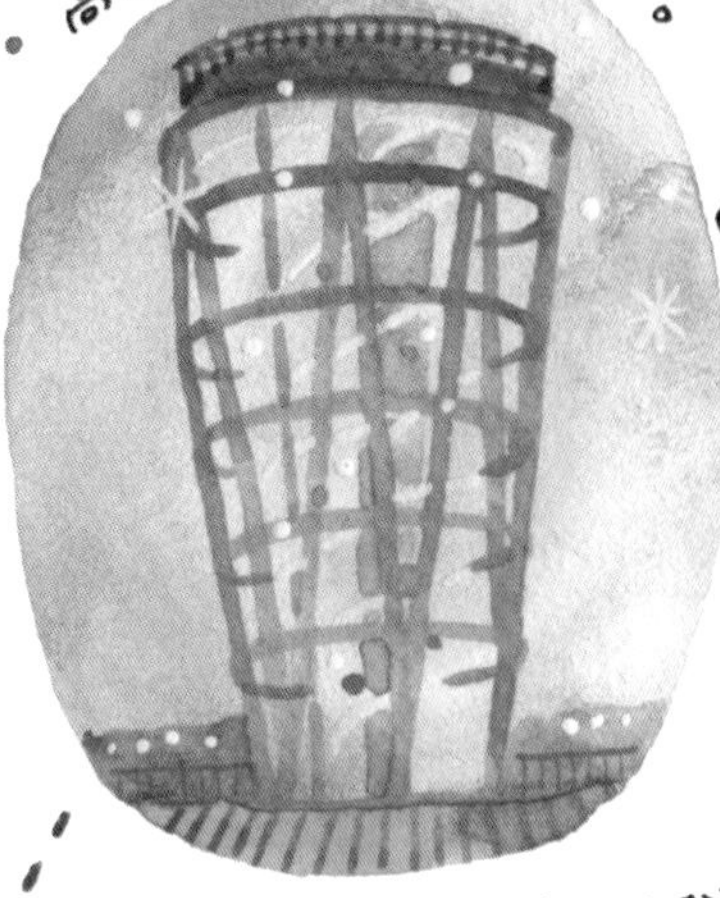

ちょうど夕日が沈んでいきました。

日没に合わせて行くのがオススメです！

ゴール！

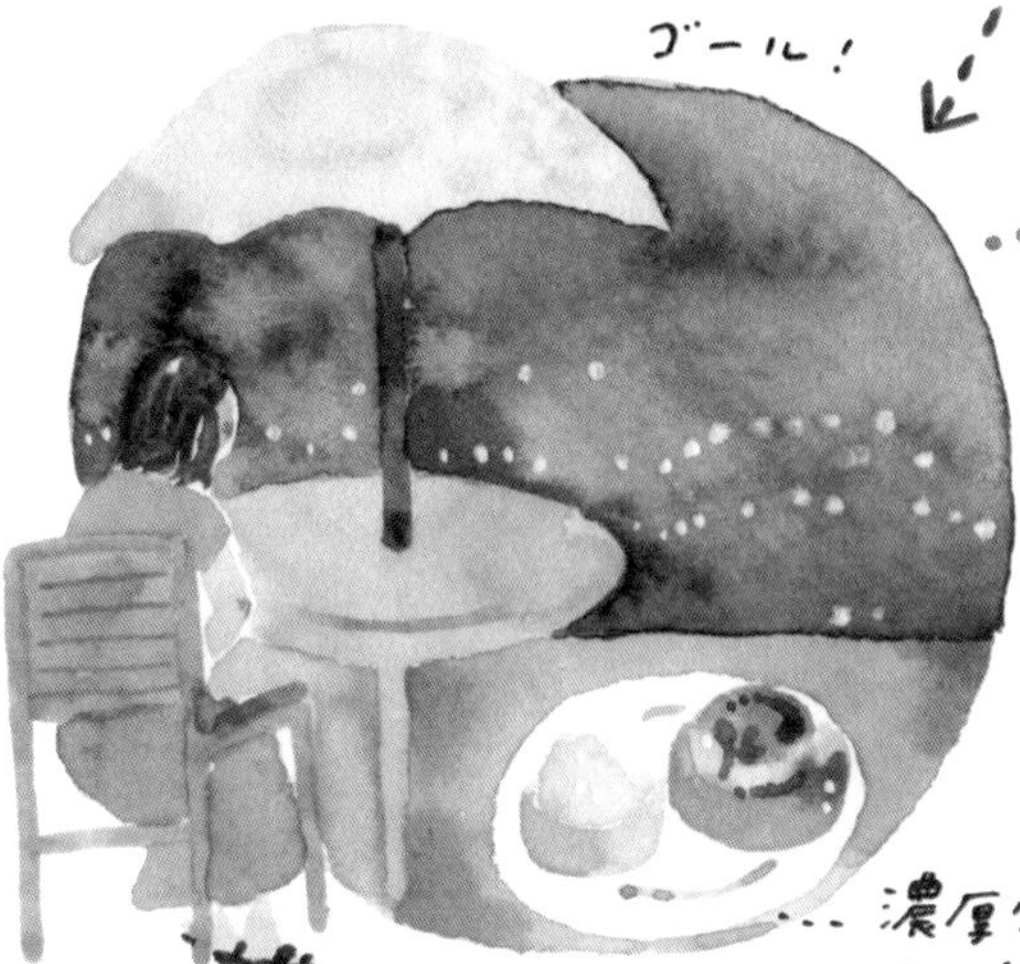

SPOT 7)

LONCAFE 江ノ島本店

ロンカフェ エノシマホンテン　神奈川県藤沢市江の島2-3-38 江の島サムエル・コッキング苑内　☏0466-28-3636　Ⓛ11:00~20:00（LO19:30）、土・日10:00~ / 不定休　※江の島サムエル・コッキング苑入場料必要

夜になると湘南の夜景が目の前に広がります。

濃厚クレームブリュレのフレンチトースト、おいしすぎた！

TOKYO

OSANPO

12

months

夏

SUMMER

7月 日本橋

8月 吉祥寺

9月 向島

7
July

お江戸老舗さんぽ

日本橋

江戸の粋と初夏の涼を求めて

古き良き江戸風情が残る日本橋。このエリアは江戸幕府とともに城下町として発展してきました。新しいショッピングモールが軒を連ねるなか、何百年も続く老舗が日本橋の街を見守り続けています。三越本店や日本銀行などの歴史的建築物も多く、街に根付く粋を体感することができます。夏の暑さに負けないように、江戸の人々から愛されたうなぎに舌鼓。涼を求めて、洗練された大人の街へ繰り出します。

ROUTE

START

東京メトロ銀座線、東西線、都営地下鉄浅草線
日本橋駅

❶ 榛原
❷ 鰻 はし本
❸ 日本橋
❹ さるや
❺ コレド室町1
❻ 誠品生活日本橋
❼ 江戸屋
❽ 甘味処 初音

GOAL

TOTAL 5時間

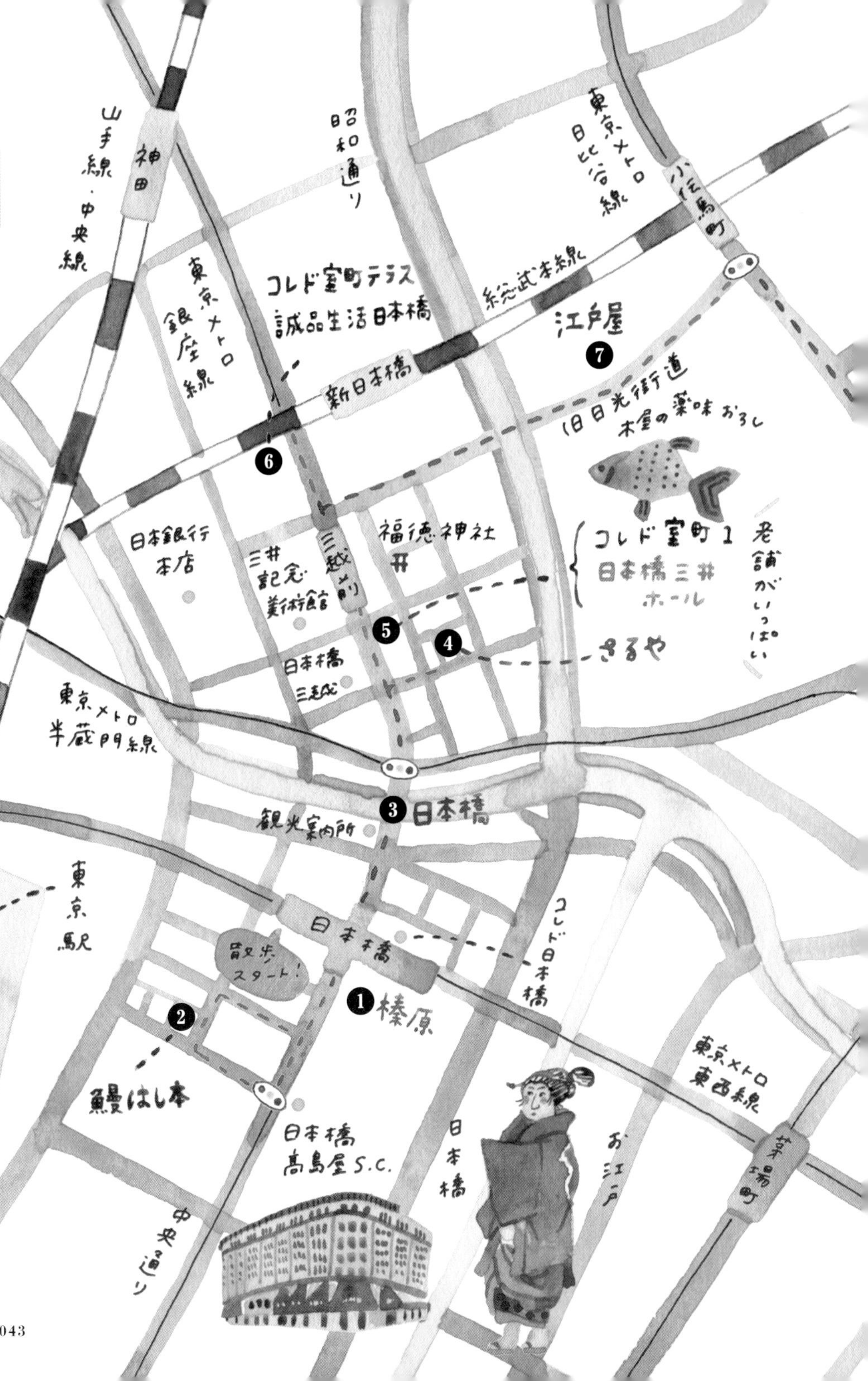
山手線・中央線
神田
昭和通り
東京メトロ日比谷線
小伝馬町
東京メトロ銀座線
コレド室町テラス
誠品生活日本橋
総武本線
江戸屋
7
新日本橋
旧日光街道
木屋の薬味おろし
6
日本銀行本店
三井記念美術館
三越前
福徳神社
コレド室町1
日本橋三井ホール
老舗がいっぱい
5
4
さるや
日本橋三越
東京メトロ半蔵門線
3
日本橋
観光案内所
東京駅
日本橋
散歩スタート!
コレド日本橋
1
榛原
2
鰻はし本
日本橋高島屋S.C.
中央通り
日本橋
お江戸
東京メトロ東西線
茅場町

日本橋の麒麟像は
東京の繁栄を願い
作られました。

日本橋

ニホンバシ

MAP 3

中央区日本橋1-1

麒麟が見守る お江戸日本橋

徳川家康の命により、名所である「日本橋」は架けられました。「日本橋」は五街道の起点として定められ、日本の道の原点。今も頭上には高速道路が走っており、多くの車が行き交っています。歴史の背景を知ることで、当時の人と歩調を合わせるように橋を渡ると想像力が広がります。近くにある観光案内所で、日本橋スタンプを押してもらい、思わずにんまり！

鰻はし本
ウナギ ハシモト
MAP 2

中央区八重洲1-5-10　☏03-3271-8888
🕓11:00~13:30、17:00~22:00（LO20:30）、
土11:30~14:00 / 日、第1・3土、祝休

路地にポツリとある
名店のうなぎ屋さん。
どんぶりの蓋を取ると感激!!

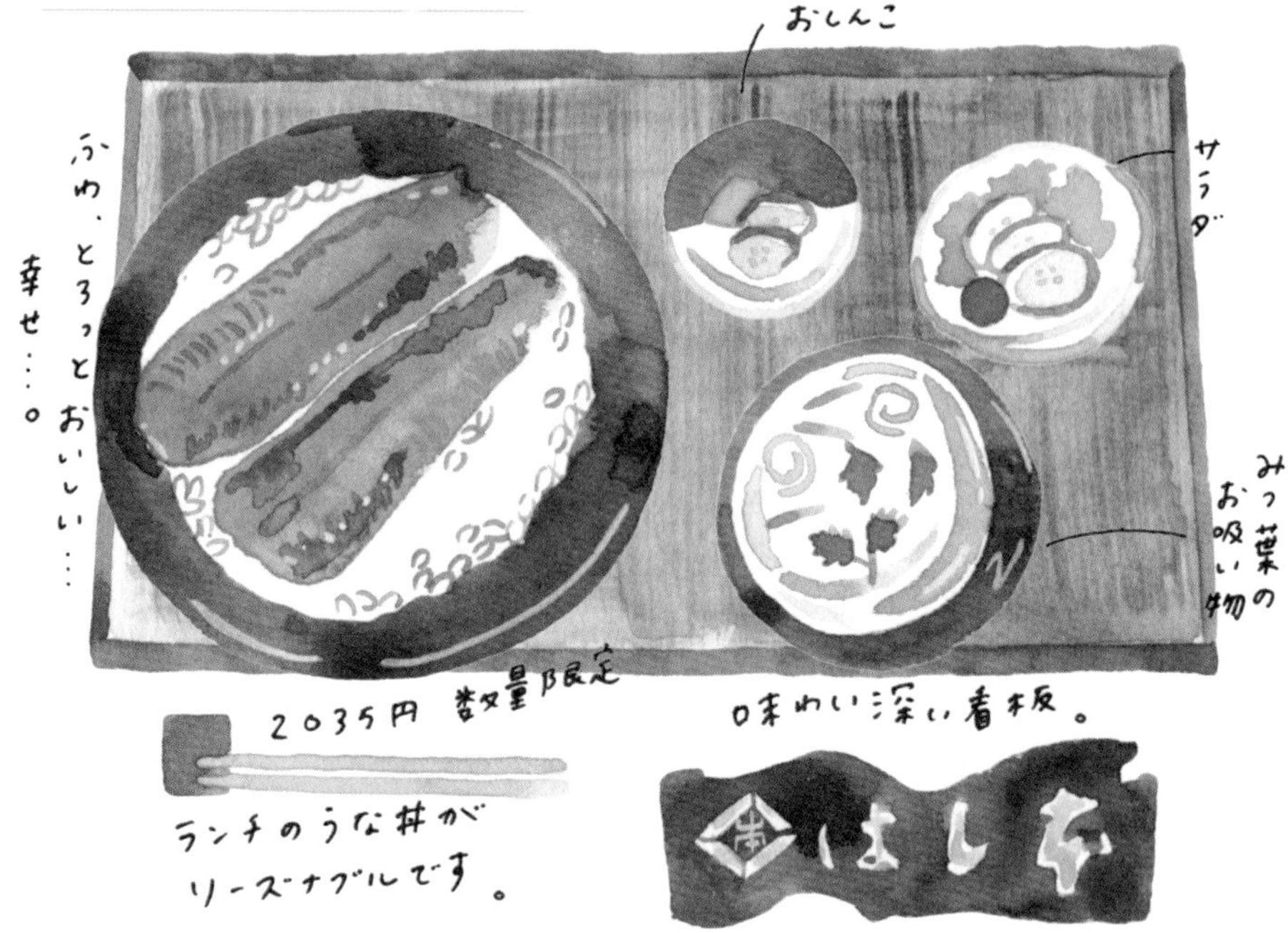
おしんこ
サラダ
ふわ、とろっとおいしい…
幸せ…。
みつ葉のお吸い物
2035円 数量限定
ランチのうな丼が
リーズナブルです。
味わい深い看板。
はし本

甘味処初音
カンミドコロ ハツネ
MAP 8

中央区日本橋人形町1-15-6 1F
☏03-3666-3082　🕓11:00~20:00（LO19:30）、
日・祝~18:00（LO 17:45）/ 無休

氷

氷の文字に
誘われて…

1837年創業の
甘味処。暑い中、
涼を求めてひと休み。

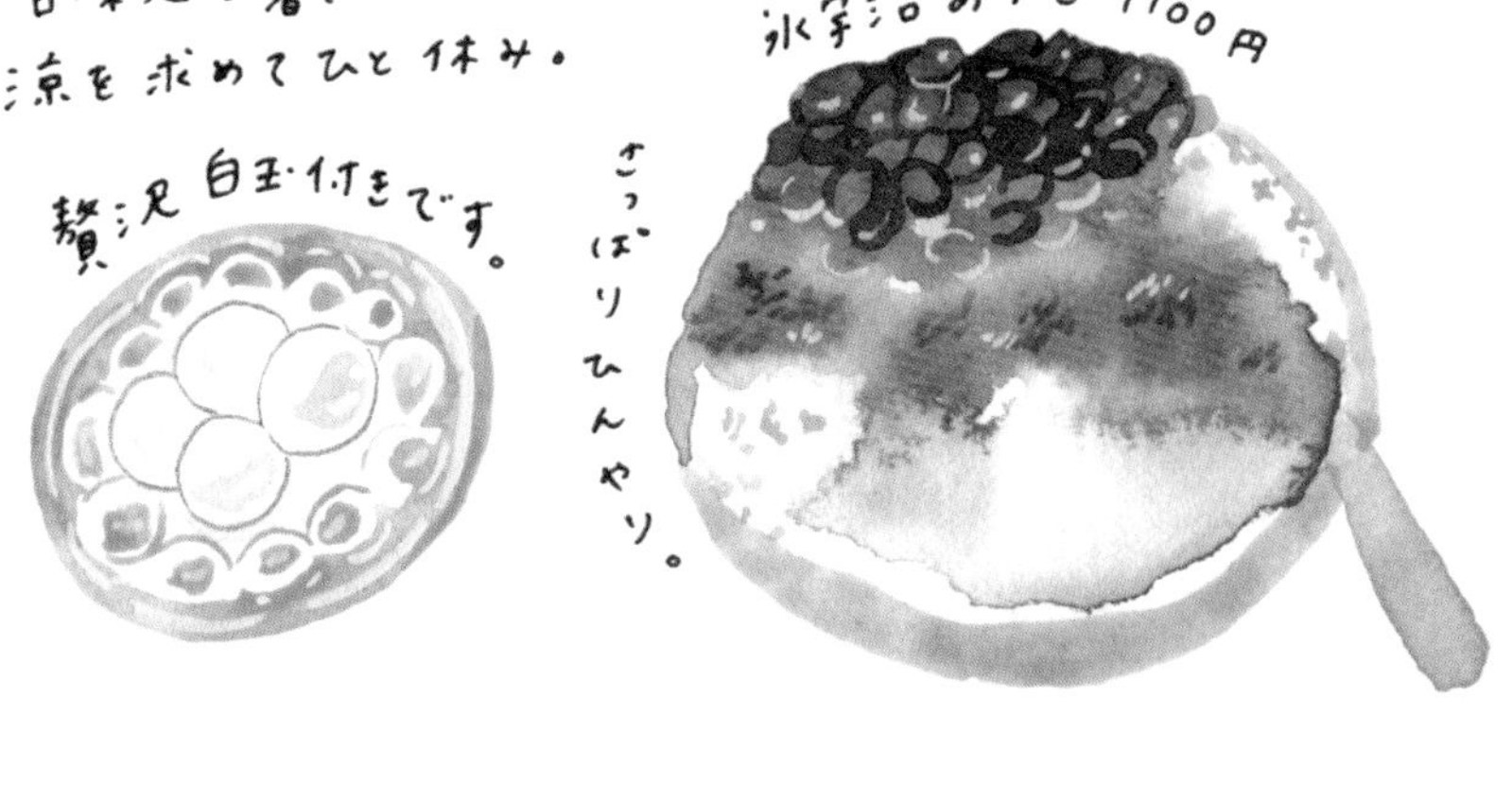
氷宇治あずき 1100円
贅沢白玉付きです。
さっぱりひんやり。

季節のイベント
イラストだけではその美しさを
伝えきれないもどかしさ。
金魚が作る優美な
世界に魅了されました！
夏にぴったり。幻想的な世界
アートアクアリウム
※2019年のイベントです。
2020年夏からはアートアクアリウム
常設展を新たにオープン予定。

（場所は日本橋本町1-3）

「ジャンボオランダ」

「ピンポンパール」

光や水槽の演出が素晴らしいです。

水に映る影も美しい…

ぷくっとした「水泡眼」

「地金」

まるで万華鏡！虹色に揺らめく金魚

この日楽しみにしていたのは、「アートアクアリウム」。中に入ると、幻想的な雰囲気に目を奪われ、圧倒されてしまいました。中央には豪華絢爛な水槽が並んでいます。赤・青・緑のライトアップとともに、優雅に泳ぐ金魚の姿を見ていると、夢の世界に迷い込んだような錯覚に陥ります。言葉にできない美しさに、うっとり。展示を開催していた「コレド室町1（MAP⑤）」では、他にも涼を楽しむイベントが開催されていました。店舗限定の金魚をモチーフとしたスイーツやグッズはどれもかわいらしいものばかり。近くにある福徳神社では、約200個の江戸風鈴が涼を呼び込み、夕涼みをする人でにぎわっていました。

誠品生活日本橋

MAP ❻

セイヒンセイカツニホンバシ

中央区日本橋室町3-2-1 2F　☏03-6225-2871
🕙10:00~21:00（店舗により異なる）/
不定休（COREDO室町テラスに準ずる）

台湾発のくらしと読書の
カルチャー・ワンダーランド。
そのなかでも誠品書店は
品揃えが豊富で大興奮！

台湾ロマン！人情味万屋
酒蔭
15
手作りの露店のようなディスプレイ。
カラフルな台湾雑貨。
畳のイスもあり
ゆっくり本探しが
できます。
本棚に囲まれた
秘密基地
のような
スペース発見！
台湾の誠品書店で働く
スタッフが選んだ本の
コーナーも。
山の音
推薦文も面白い。

さるや

MAP ❹

中央区日本橋室町1-12-5　☏03-5542-1905
🕓10:00~18:00 / 日・祝休

現代に残る唯一の楊枝専門店。

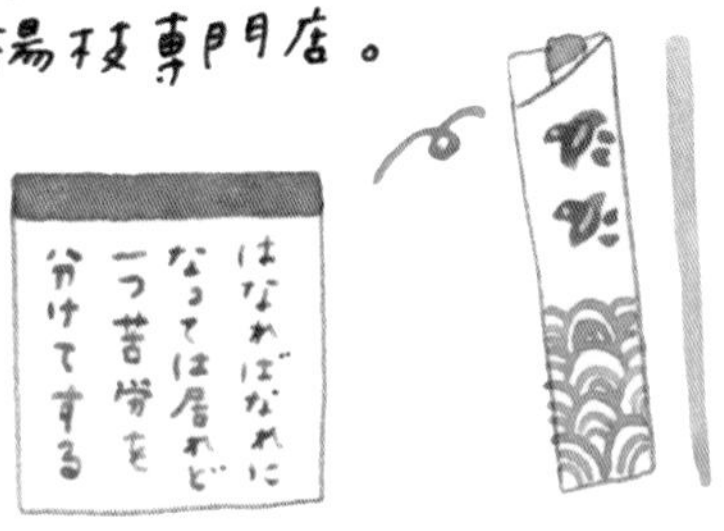
はなればなれに
なっては居れど
一つ苦労を
分けてする

ほんのり木の香り。

恋の歌が書かれた辻占楊枝。あの人に渡してみようかな？ 440円

榛原《ハイバラ》

MAP ❶

中央区日本橋2-7-1　☏03-3272-3801
🕓10:00~18:30、土・日~17:30 / 祝休

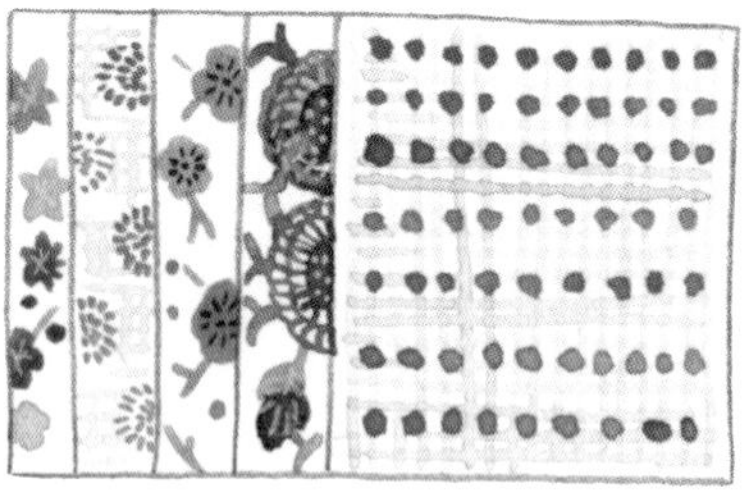

友禅おりがみセット 770円
200年以上続く和紙店。
おりがみにひとめぼれ。

江戸時代から続く老舗の名品

長い歴史を誇る名店めぐりへ。「榛原」は外観も美しい和紙のお店。こちらの和紙を使ったペンやトレーなどを愛用していたので、お店を訪ねることができて感動です。「さるや」は粋なお土産としてぴったりな楊枝専門店。使用するのが楽しみな辻占いの楊枝を購入しました。「江戸屋」は天然素材を使用した刷毛とブラシのお店。お店の方がひとつひとつを丁寧に接客をしてくれて、またひとつ大切なものが増えました。

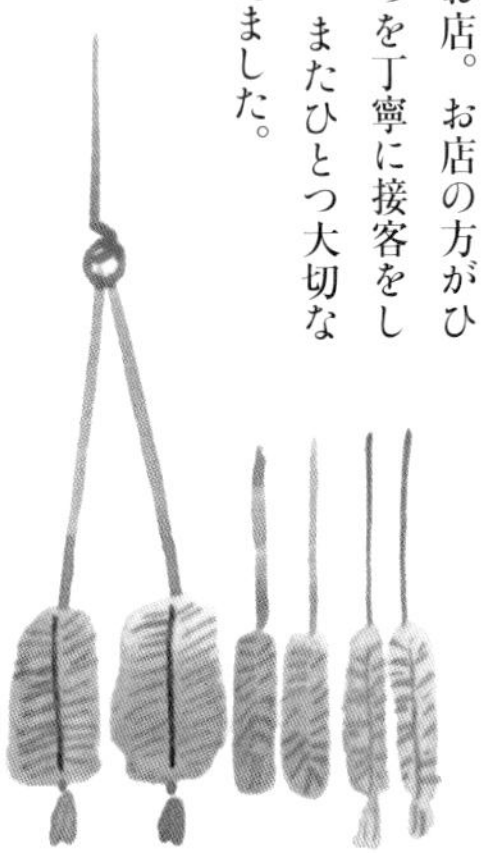

天井からぶら下がるブラシの数々！

江戸屋《エドヤ》

MAP ❼

中央区日本橋大伝馬町2-16　☏03-3664-5671
🕓9:00~17:00 / 土・日・祝休

伝統の技が光る、刷毛・ブラシの専門店。

江
EDOYA 8

…天然毛の歯ブラシ。大切に使いたい。550円

OSANPO SNAP @ NIHONBASHI

アートアクアリウム

金魚の大提灯が涼を演出。

水が滴り落ちる、3mにも及ぶ金魚鉢！

見る位置によって金魚の表情が違います。

「鰻はし本」。涙が出るほどおいしい…

大人になってよかった…

くぅ

木の引き戸がめずらしい、「江戸屋」。

日本橋には獅子像もあるよ！

リンリン♪

夏らしいタイル、見つけました。

ひし形のモチーフがステキな外観「榛原」。

千代紙を用いたうちわ。

素朴な絵がかわいい江戸風鈴。

駅前のはな子像
パオーン
今もなお皆から愛されています。
散歩スタート!
五日市街道
中央線
八
かわいいハモニカ横丁のまる八マーク。
井の頭通り
神田川の源流「お茶の水」はパワースポットです。
井の頭公園
カイツブリ
京王井の頭線
神田川
カモ
いろんな鳥が泳いでます。

8
August

動物とのふれ合い公園さんぽ

吉祥寺

緑あふれる都会のオアシス

「井の頭恩賜公園」にある「井の頭自然文化園」で、動物たちと触れ合ってきました。園児が列をなし、興味津々な様子で動物達を指差す姿にほっこり。公園は水生物園・動物園などがある広大なエリア。親子連れをはじめ、老若男女問わず様々な人達が集まってくる、都内屈指の癒しスポットです。マイナスイオンをたっぷり浴びてリフレッシュしたら、街中へレッツゴー！

ROUTE

START

JR中央線 吉祥寺駅

❶ 元祖仲屋むげん堂弐番組
❷ 井の頭恩賜公園
❸ ペパカフェフォレスト
❹ 井の頭自然文化園 水生物園
❺ 井の頭自然文化園 動物園
❻ いせや総本店
❼ カーニバル
❽ SOMETIME
❾ ポヨ

GOAL

TOTAL 6時間

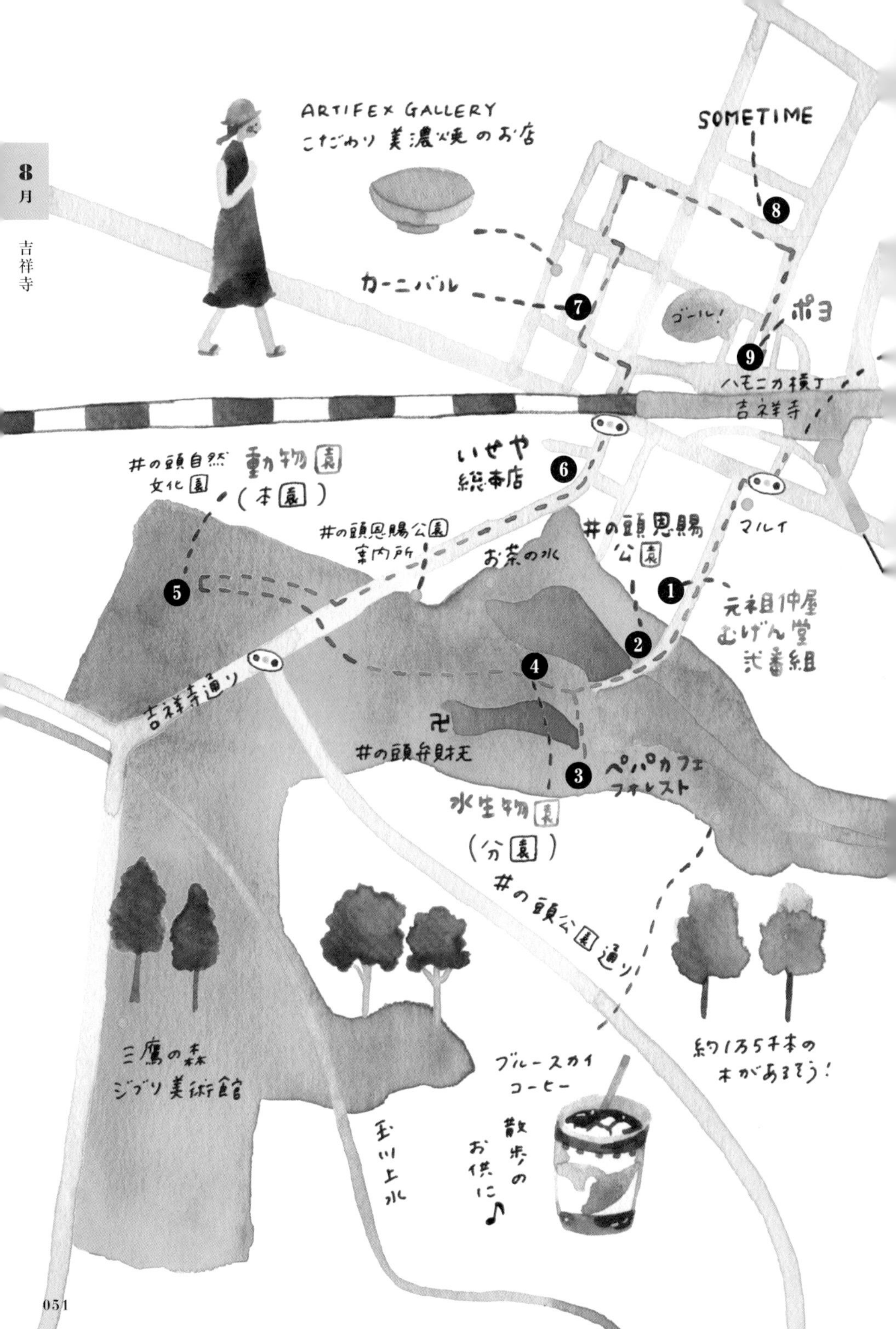
ARTIFEX GALLERY
こだわり美濃焼のお店
SOMETIME
8
カーニバル
7
ゴール！
ポヨ
9
ハモニカ横丁
吉祥寺
いせや総本店
6
井の頭自然文化園
動物園（本園）
井の頭恩賜公園案内所
お茶の水
井の頭恩賜公園
マルイ
5
1
元祖仲屋むげん堂弐番組
2
4
吉祥寺通り
卍
井の頭弁財天
3
ペパカフェフォレスト
水生物園（分園）
井の頭公園通り
三鷹の森ジブリ美術館
ブルースカイコーヒー
約1万5千本の木があるそう！
玉川上水
散歩のお供に♪

日の光で黄金色に輝く
公園。マイナスイオンに
癒されます。

井の頭恩賜公園 MAP ❷

イノカシラオンシコウエン

武蔵野市御殿山1-18-31
☏0422-47-6900　◷常時開園

緑が気持ちいい、
公園内にある
タイ料理の
お店です。

ペパカフェフォレスト MAP ❸

三鷹市井の頭4-1-5　☏0422-42-7081
◷12:00~22:00、土・日・祝11:30~ / 無休

ランチの鶏挽肉
バジル炒め
ドリンク付き 1320円

エスニック料理で夏バテ防止

井の頭恩賜公園内には、緑に囲まれたカフェや、懐かしいたたずまいの売店があり、ひと休みするにはもってこい。「ペパカフェフォレスト」は本格的なタイ料理のお店。ピリリと効いたスパイスに汗を流し、元気をチャージしましょう。木陰のベンチに座って水鳥たちの水浴びを眺めていると、夏の暑さで疲れた体が癒されます。

井の頭自然文化園 MAP ❹

イノカシラシゼンブンカエン

武蔵野市御殿山1-17-6　☎0422-46-1100
🕓9:30~17:00（最終入園16:00）/ 月休
㊎大人400円

水生物園（分園） MAP ❹

動物園に行く前に
ぜひ寄ってほしい!
鳥や魚など身近にいる
生物が見られます。

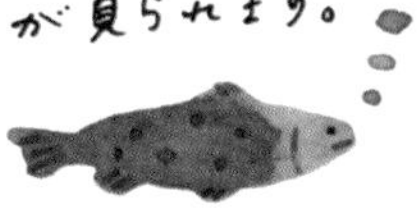

オオサンショウウオもいるよ。

水生物園を抜けて、
次は動物園へ!

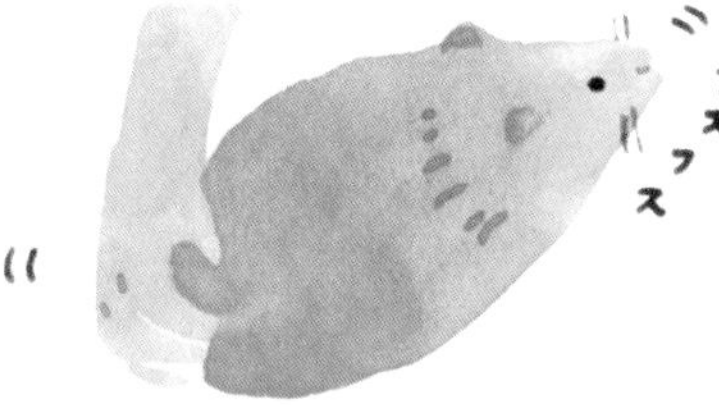

動物園（本園） MAP ❺

大人げなく大興奮して
しまった、モルモットの
ふれあいコーナー。

子どもたちに
大人気でした!

愛らしい
動物がいっぱい!

仙人のようなヤギ。

リスが間近に
見られる、リスの小径。

公園でリフレッシュしたら
北口方面へ！途中にある
アジア雑貨屋や古着屋は
ついのぞいてしまいます。

元祖仲屋むげん堂弐番組

MAP ❶

ガンソナカヤムゲンドウニバングミ

武蔵野市吉祥寺南町1-15-14　☏0422-47-3334
🕓11:00~19:45 / 無休

古着屋さんの香り！
白檀のお香。
95円

ポーチ！

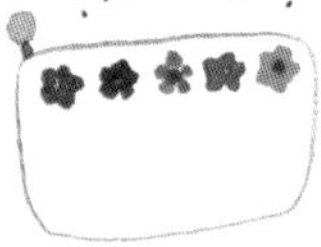

コースター！

かわいくて、お手頃価格です。

煙もくもく、焼き鳥のいいにおい。

いせや総本店

MAP ❻

イセヤソウホンテン

武蔵野市御殿山1-2-1　☏0422-47-1008
🕓12:00~22:00 / 火休

吉祥寺に来たら一度は
訪れてみたかった！

お腹ペコペコで部位の種類を忘れてしまいました…

ミックス焼き鳥 360円
（4本）

プリプリの
焼き鳥は
タレが美味！

ビールが飲めたら
夏は最高だろうなぁ…

カーニバル

MAP 7

武蔵野市吉祥寺本町2-10-12 1F
☏0422-22-3303
🕓10:30~21:30（デリカ11:30~）/ 無休

吉祥寺に初めて来た時に
知った、思い出のデリの店。
トレイにどーんとのった
スイーツに心惹かれます。

どれにしようかな…

ソフトクリームも
オススメ！

SOMETIME

サムタイム

MAP 8

武蔵野市吉祥寺本町1-11-31 B1F
☏0422-21-6336　🕓12:00~23:00（コーヒータイム~17:30、リカータイム18:30~22:30LO）
※ライブタイム、料金はHPで確認を / 無休

次はライブを観に
来たいな。

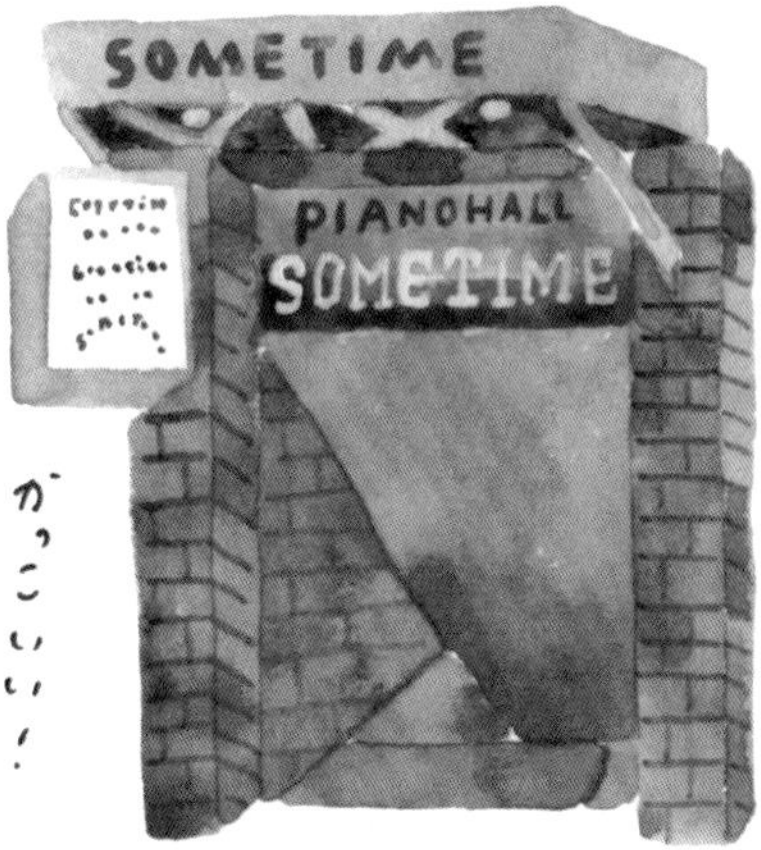

老舗のジャズクラブ。
ご飯もおいしく、
ゆっくりと過ごせます。

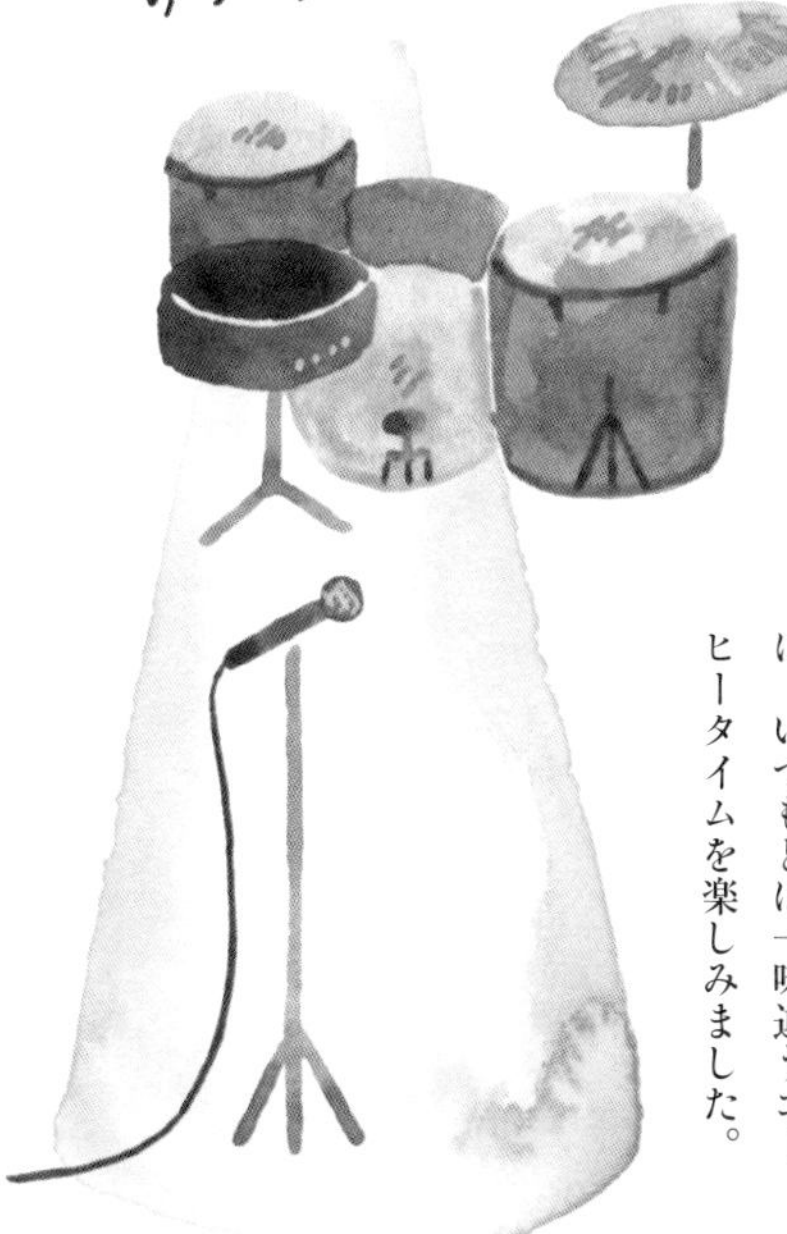

かっこいい！
ドラムセット。

街と共鳴するジャズの音色

吉祥寺は色々なカルチャーを生み出している街。おしゃれな若者や、個性的な着こなしの人をよく目にします。また、ライブハウスも多く、音楽の街という顔も。レンガ造りの外観が、ひときわ目を引いたのはジャズの名店「SOMETIME」。この日のライブは夜からでしたが、映画のワンシーンのような趣ある雰囲気に、いつもとは一味違うコーヒータイムを楽しみました。

店頭にはおいしそうなチキンがズラリ!

ハモニカ横町

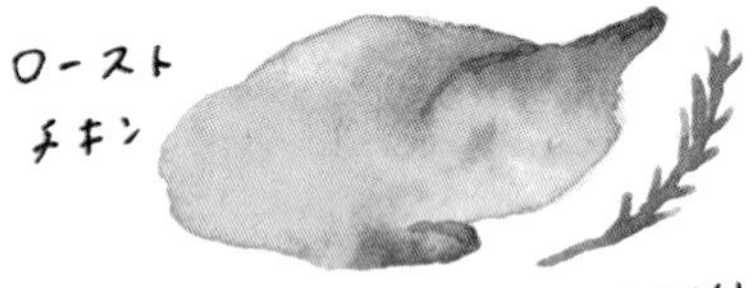

半羽をお土産に。国産ひなどり 100g 255円

ポヨ MAP 9

武蔵野市吉祥寺本町1-1-1 ハモニカ横町内
☏0422-20-6151
🕓11:30~24:00、金・土~翌1:00 / 無休

ハモニカの赤提灯にいざなわれ

吉祥寺駅の北口に広がるハモニカ横丁は、飲み屋さんからお惣菜店まで、グルメなお店がひしめきあっています。ハーモニカの吹き口のように小さなお店が連なっていることから、この名前がついたそう。店頭では一人飲みをする人たちの姿も。つられて「ちょっと一杯ビールでも!」といきたいところですが、お酒が飲めない私……。そんな人にもおすすめなお店もあります。「ポヨ」はローストチキンの専門店で、半羽から購入可能。国産ひなどりなど、鶏肉の種類も選べます。ローズマリーの香りが食欲をそそり、夕飯のおかずにぴったり。今度はお店をもっと開拓して、下戸ながらも飲んべえたちの仲間入りをしたいな。

OSANPO SNAP @ KICHIJOJI

売店のぞうさん弁当♡

寝ているカピバラ。

おとなしい…!

自然文化園の入口にはステンドグラスが!

モルモットのぬいぐるみ欲しくなった…。

井の頭池に来ると夏の暑さが和らぎます。

みんなお昼寝中…

動物みつけた!シリーズ その①

発見!

よく見ると、クマの形に似てる!

光の中を泳ぐ水鳥。

公園入口にあるお店にはサルがいましたよ!

SOMETIMEのバーカウンター。

伝票がドル札のモチーフ!

看板を見ただけでもおいしそう〜!

輸入食品はついつい買ってしまいます。

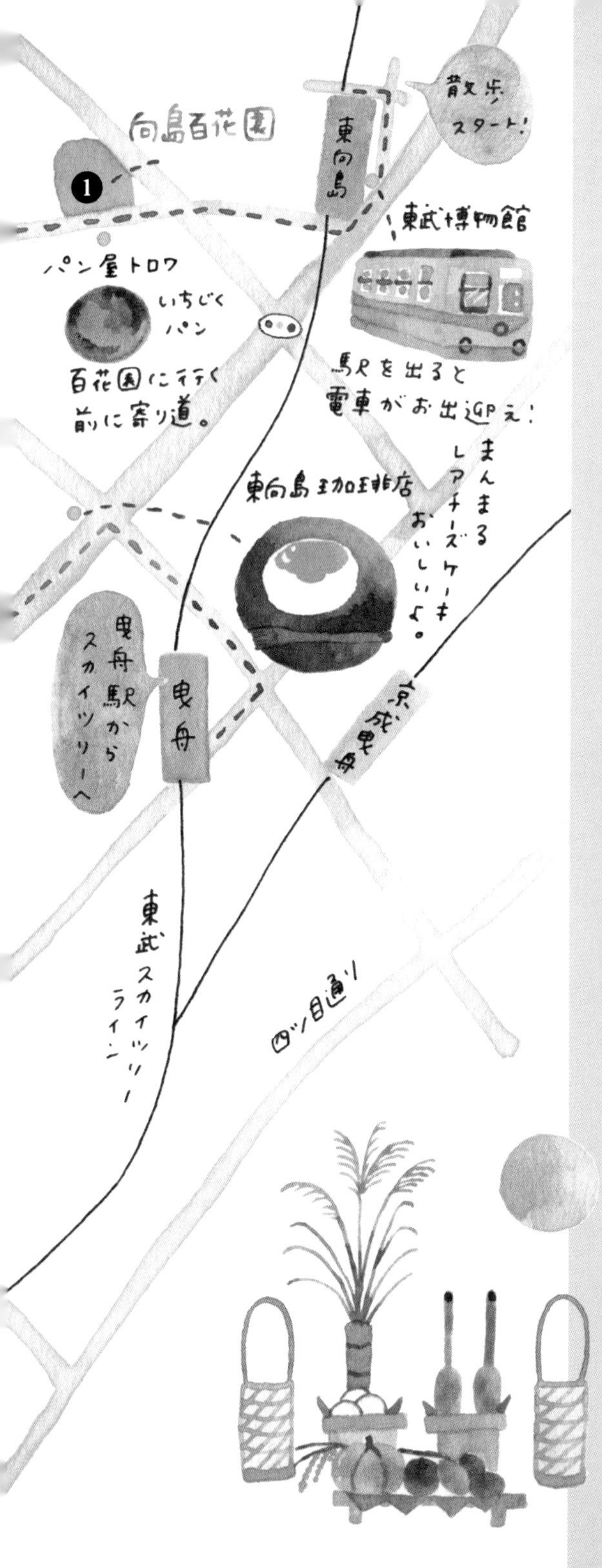

9

September

秋のお月見さんぽ

向島

隅田川に映る哀愁漂う月明かり

スカイツリーにも近い向島エリアは、文豪ゆかりの地でもあり、小説の舞台として描かれることも多く、西洋の影響を受けたカフェー造りのお店など、戦後の建造物が今もなお残っています。明治時代から花街として栄え、隅田川沿いには今でも十数軒の料亭が軒を連ねます。水戸街道沿いは再開発から逃れ、下町のなかでも昭和の面影を色濃く残している場所。夜になると、街灯の薄明かりに照らされた裏路地から、どこからともなく芸者さんの姿が。寂しさと懐かしさが入り交じった、なんとも言えない不思議な気分にさせてくれます。

ROUTE

START

東武スカイツリーライン 東向島駅

- ❶ 向島百花園
- ❷ きびだんご専門店 吉備子屋 本店
- ❸ 古民家カフェ こぐま
- ❹ 向島 言問団子
- ❺ 東京スカイツリー®

GOAL

TOTAL 4時間30分

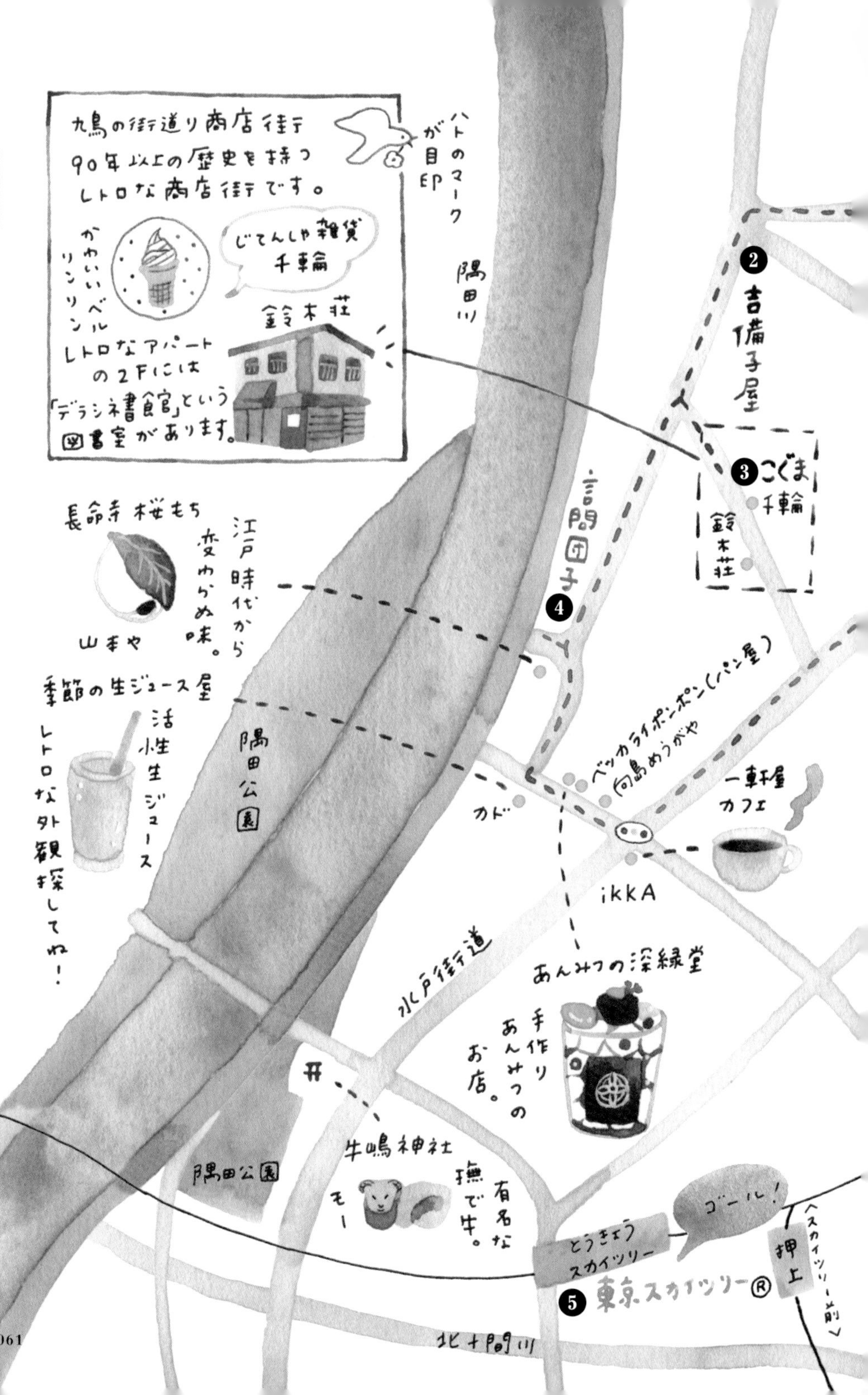
鳩の街通り商店街
90年以上の歴史を持つ
レトロな商店街です。
ハトのマークが目印
かわいいベル
リンリン
じてんしゃ雑貨
千輪
鈴木荘
レトロなアパートの2Fには
「デラシネ書館」という
図書室があります。
隅田川
2
吉備子屋
3 こぐま
千輪
鈴木荘
言問団子
4
長命寺 桜もち
江戸時代から
変わらぬ味。
山本や
季節の生ジュース屋
活性生ジュース
レトロな外観探してね！
隅田公園
ベッカライポンポン（パン屋）
向島めうがや
カド
一軒屋
カフェ
ikKA
水戸街道
あんみつの深緑堂
手作りあんみつのお店。
牛嶋神社
隅田公園
モー
有名な撫で牛。
ゴール！
とうきょうスカイツリー
5 東京スカイツリー®
押上
〈スカイツリー前〉
北十間川

向島百花園

ムコウジマヒャッカエン

MAP ❶

墨田区東向島3-18-3　☎03-3611-8705
🕓9:00~17:00（最終入園16:30）/ 無休
¥一般150円

園内にある
あんどん。
味のある絵
が描かれて
いました！

月見の会

中秋の名月には
「月見の会」を開催。
期間中は午後9時
まで開園し、夜の
お月見を楽しむ
ことができます。

月にいる
ウサギ
見える
かな？

…庭からはスカイツリーが見えます。

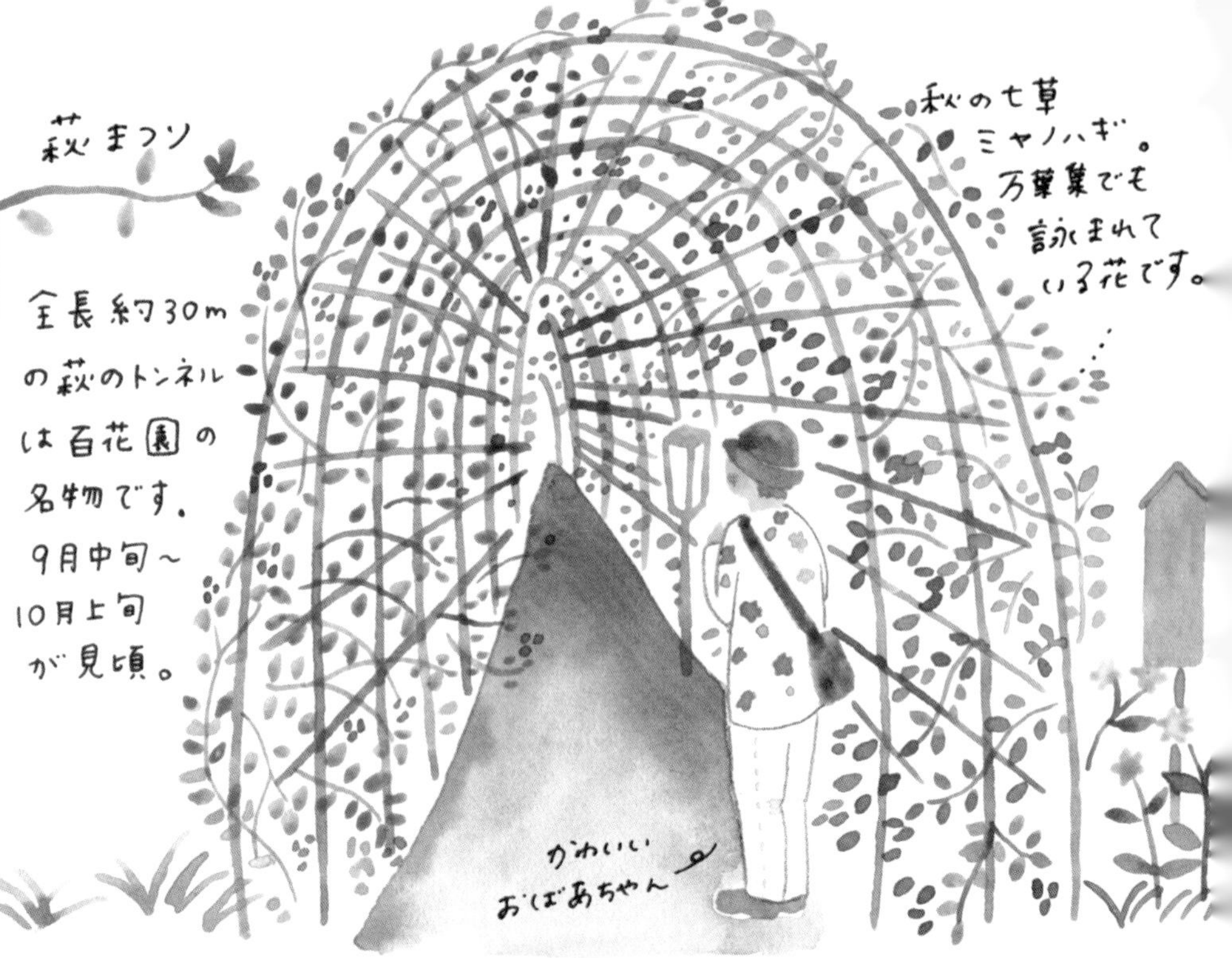
萩まつり
全長約30mの萩のトンネルは百花園の名物です。9月中旬〜10月上旬が見頃。
秋の七草ミヤノハギ。万葉集でも詠まれている花です。
かわいいおばあちゃん

小さい秋みつけた！
ススキ
ホソバオケラ
初めて見ました！
トウテイラン
園内で見る草花は知らないものばかり。土・日は無料の庭園ガイドもあります。（午前11時・午後2時）
ベニバナサンザシ
トウゴウギク

可憐に咲く赤紫の花 百花園の萩まつり

大好きな場所「向島百花園」。派手さはないけれど、素朴で丁寧に管理されています。入園料も低料金で、少し心配になってしまいます。萩の花が一面に咲くトンネルが名物で、赤紫色の花があちらこちらから顔を覗かせていました。この時期、夜には「言問団子」（P64）の団子を食べながら、秋の名月を楽しむ月見の会も開催されます。

ひょうたん大きいね！
顔より大きい！
驚いていたおじいちゃん。

古民家カフェ こぐま

MAP ❸

コミンカカフェ コグマ

墨田区東向島1-23-14
☎03-3610-0675　🕓10:30～18:30（LO18:00）/ 火・水休

鳩の街商店街にある古民家カフェ。
懐かしの学校机 イニシャルの落書きが…
ほっとする空間。

キンモクセイ茶 600円
ほんのりいい香り。
好きなドリンクとセットで150円引き。
ニンジンサラダ
焼きオムライス
ふわふわトロリ！
おいしかった～！
1050円
オクラスープ

きびだんご専門店 吉備子屋 本店

MAP ❷

キビダンゴセンモンテン キビコヤホンテン

墨田区東向島1-2-14　☎03-3614-5371
🕓11:00～17:00 / 月（祝日の場合は翌日）休

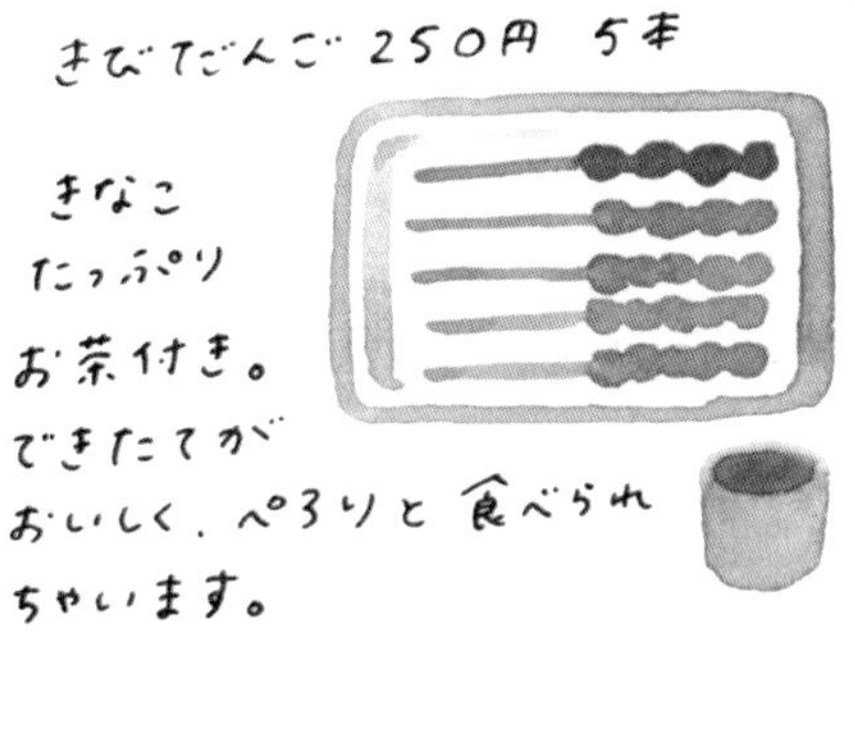
きびだんご 250円 5本
きなこたっぷりお茶付き。
できたてがおいしく、ぺろりと食べられちゃいます。

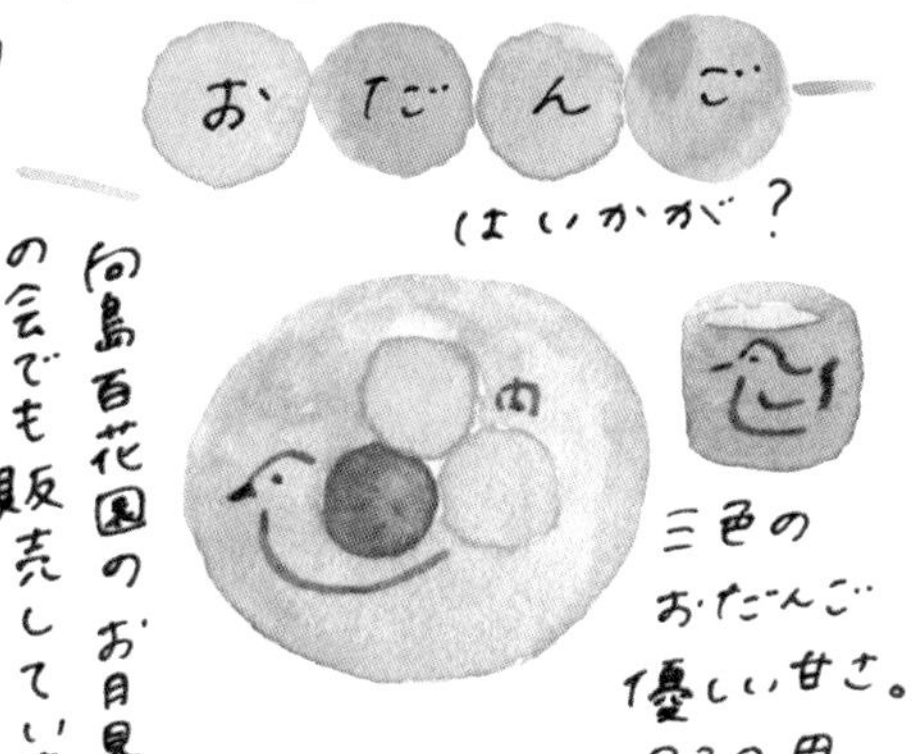
お月見の日に
おだんご
はいかが？
向島百花園のお月見の会でも販売していました。
三色のおだんご
優しい甘さ。
720円

向島 言問団子

MAP ❹

ムコウジマ コトトイダンゴ

墨田区向島5-5-22　☎03-3622-0081
🕓9:00～18:00 / 火休

季節のイベント
さんぽの途中にちょっと寄り道
牛嶋神社祭礼奉納踊り
御祭禮
東屋
色とりどり
の提灯。
書いてある名前を見る
のが好きです。
料亭入舟
言問だんご
弘福寺
六番組

かっこいい！背中で語るよ男らしさ。

祭囃子に胸躍る
秋に行う盆踊り

どこからともなく笛の音が聞こえてきました。音を頼りにその場所を探すと、提灯が掲げられ、お神輿が出発の準備をしています。ちょうどこの日は隅田川の近くにある牛嶋神社のお祭り。神仏や精霊に感謝を込めて、供物を捧げる行事だそう。揃いのストライプの着物を着て通り過ぎる女性たちに見惚れながら、私の心もお祭り気分でテンションもアップ。こうした偶然の出会いこそ、さんぽの醍醐味です。

東京スカイツリー® MAP ❺

トウキョウスカイツリー

墨田区押上1-1-2
☏0570-55-0634(東京スカイツリーコールセンター)
🕓8:00~22:00（最終入場21:00）/ 無休
㊎当日セット券（天望デッキ＋天望回廊）平日大人3100円、休日大人3400円

お月様も掴めそう 秋の夜のスカイツリー

駅前がまだ更地だった頃からだんだんと伸びていくスカイツリーの姿を眺めていました。今では見るだけでホッとする、私にとって東京のシンボルです。日沈の時間帯に合わせ、いざ展望台へ。この日は天気が味方をしてくれて、すばらしい夕焼けに出会えました。

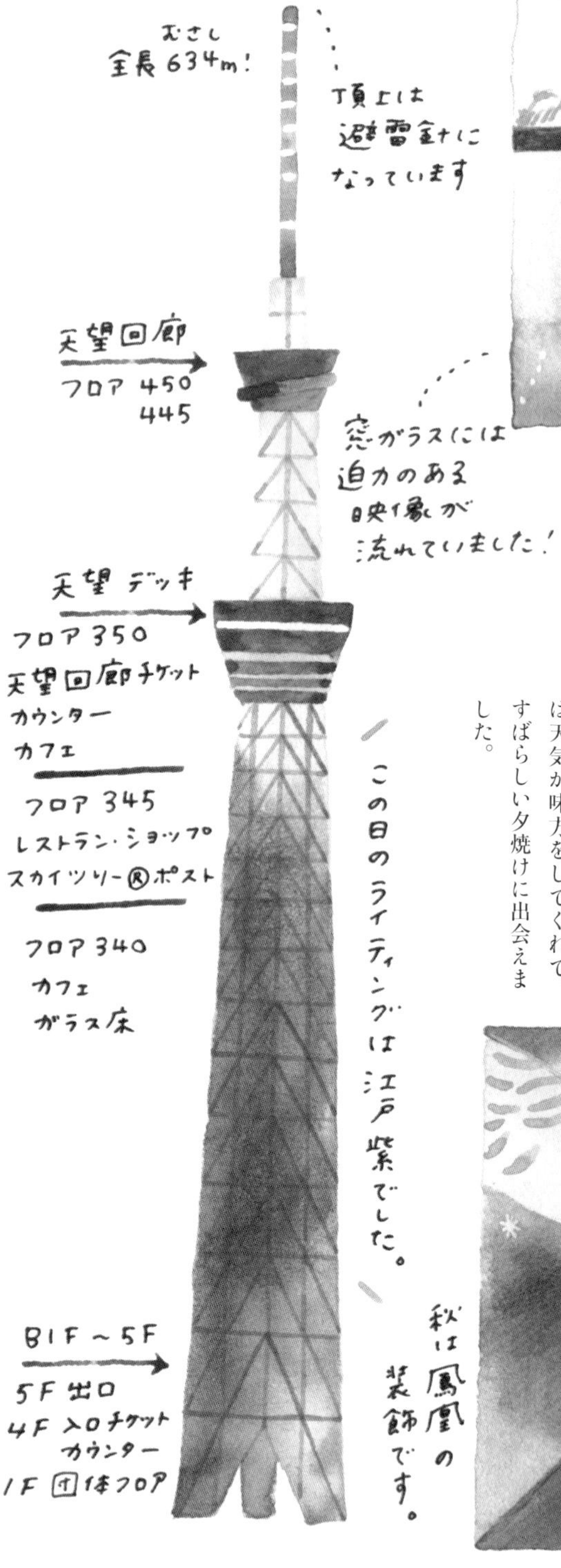

全長634《むさし》m!
頂上は避雷針になっています
天望回廊
フロア450
445
窓ガラスには迫力のある映像が流れていました!
天望デッキ
フロア350
天望回廊チケットカウンター
カフェ
フロア345
レストラン・ショップ
スカイツリー®ポスト
フロア340
カフェ
ガラス床
この日のライティングは江戸紫でした。
B1F〜5F
5F出口
4F入口チケットカウンター
1F団体フロア

各エレベーターのデザインは四季がテーマ。
秋は鳳凰の装飾です。
まずはエレベーターでフロア350へ!

フロア340
ガラス床
フロア445
スカイツリーの鉄骨と
道路が真下に!
高い!
足がすくんでプルプルします〜!
フロア445の
天望回廊から
いよいよ頂上!
回廊は宇宙空間のよう…

OSANPO SNAP @ MUKOJIMA

店内に入ると
そこはヨーロッパ。
「カド」

「向島めうがや」は150年
続く足袋の店。

今日はお祭り！
わっしょい
わっしょーい！

お月さまの
ようなレアチーズ
ケーキ。

東武博物館は
子どもに人気の穴場
スポット。

百花園の萩の
トンネル。

街でみつけた
動物シリーズ
その②！

百花園では
スズメが
一羽。

民家の前にタヌキ。
ナゾのクマも…
おりました。

東京スカイツリー®からの夜景。
自分の家を探しちゃう！

コラム① 街で見つけたステキな人
街や電車の中で出会ったおしゃれな人を描きとめました。
in 高尾
ナチュラルで気取らない感じがスキ。
ポンポン付きのシャツ
in 谷根千
帯はチェック柄…
幾何学模様の着物…
和洋MIX タイツにヒール
…スポーティでゆるめおだんごかわいい！
ジャージ…
ごつめブーツ…
in 中目黒
in 日本橋
腕を組んで…デートしていた白髪のご夫婦。
大人のおしゃれを思いきり楽しんでる！
MONO
PLASTIC ERASER
Tombow

SEASONAL TRIP 2.

AUTUMN

〈〈秋のハイキング〉〉

初めての登山に挑戦！

紅葉にときめきながら 目指せ高尾山山頂

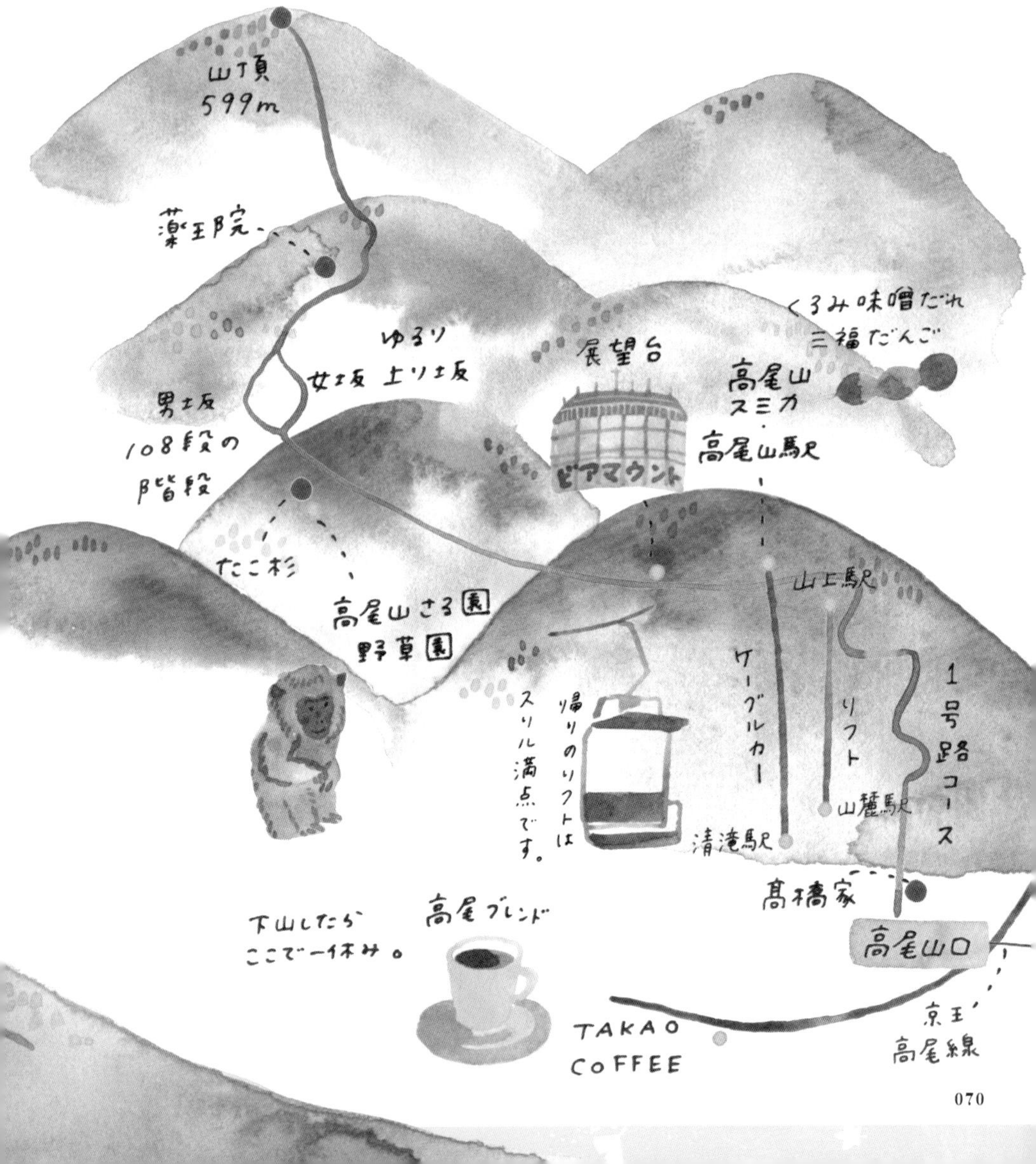
山頂
599m
薬王院
ゆるり
女坂 上り坂
男坂
108段の
階段
展望台
ビアマウント
くるみ味噌だれ
三福だんご
高尾山
スミカ・
高尾山駅
たこ杉
高尾山さる園
野草園
山上駅
ケーブルカー
リフト
1号路コース
帰りのリフトは
スリル満点です。
清滝駅
山麓駅
高橋家
高尾山口
下山したら
ここで一休み。
高尾ブレンド
TAKAO
CoFFEE
京王
高尾線

SPOT 1) 髙尾山 髙橋家

タカオサンタカハシヤ　八王子市高尾町2209
☎042-661-0010　Ⓛ10:00~18:00（LO17:30）/
夏期、冬期、春期に各7日間の休みあり

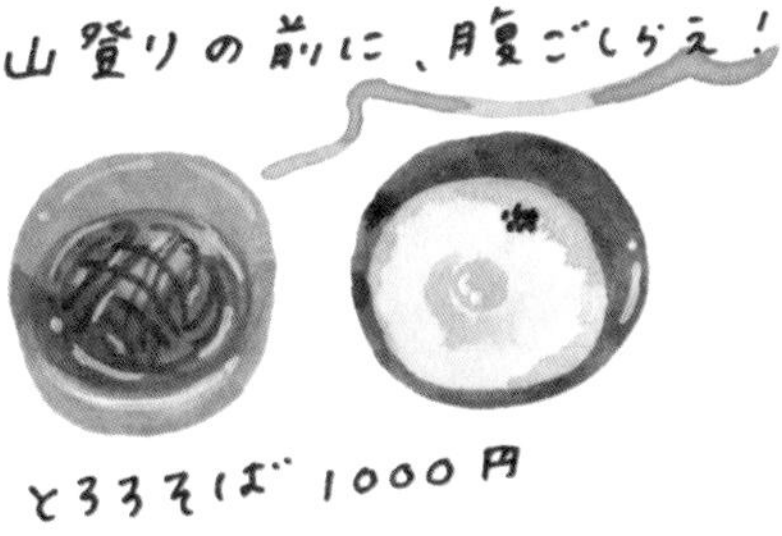
山登りの前に、腹ごしらえ！
とろろそば 1000円

23. November

やって来ました高尾山！　初心者コースの1号路は、想像していたよりもきつかった！　急な坂道やカーブが行く手を阻みます。しかし、降り注ぐ木漏れ日や、樹齢400年を超える荘厳な杉たちが、頂上に向かう道のりを後押ししてくれました。山頂の景色は格別。登った人だけが味わえるご褒美です。そして、お腹ぺこぺこで食べるおにぎりが最高においしい！

ここから
1号路を
スタートします！

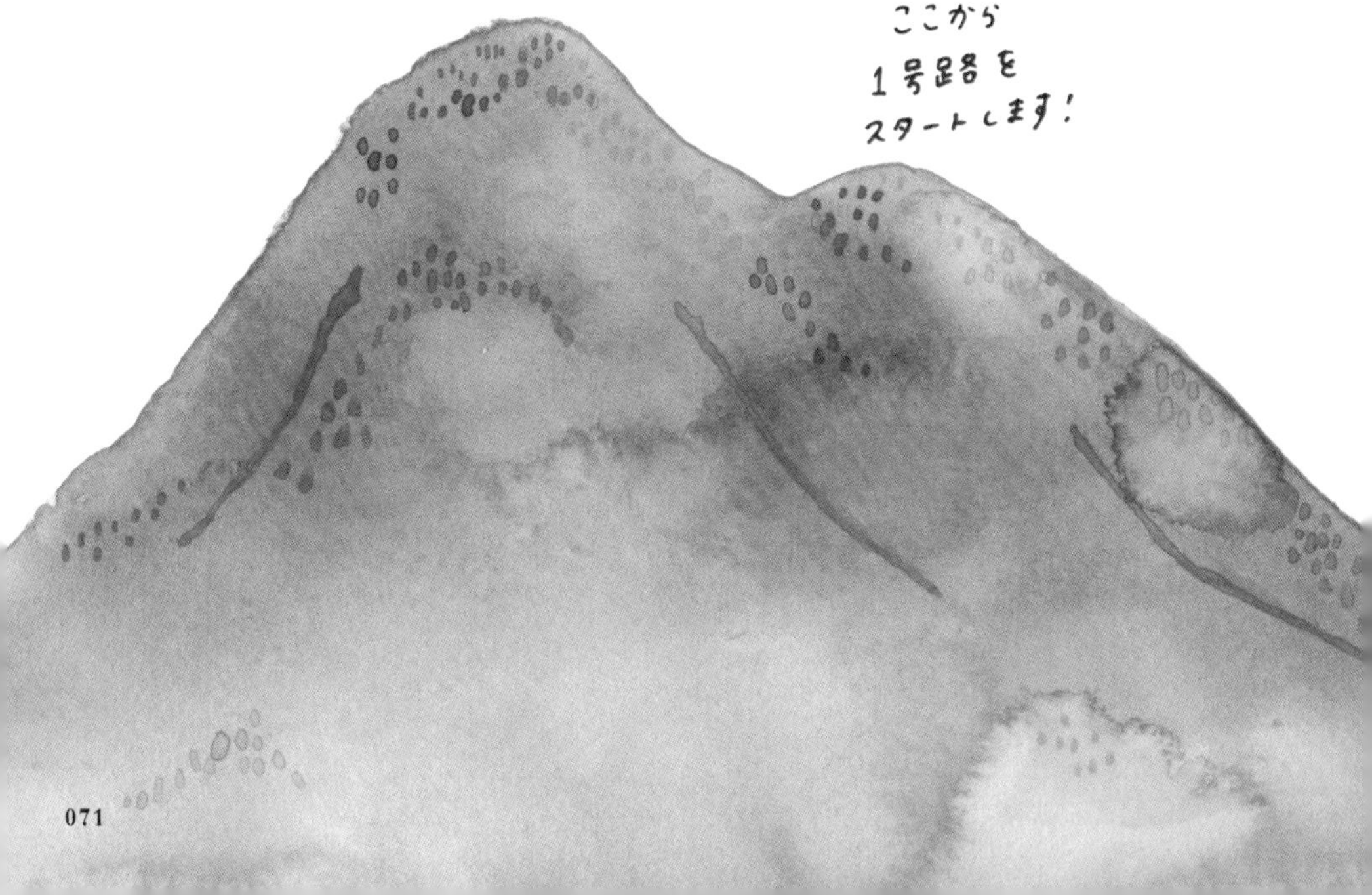

1号路は薬王院参拝の表参道コースです!

1号路コース

たこ杉

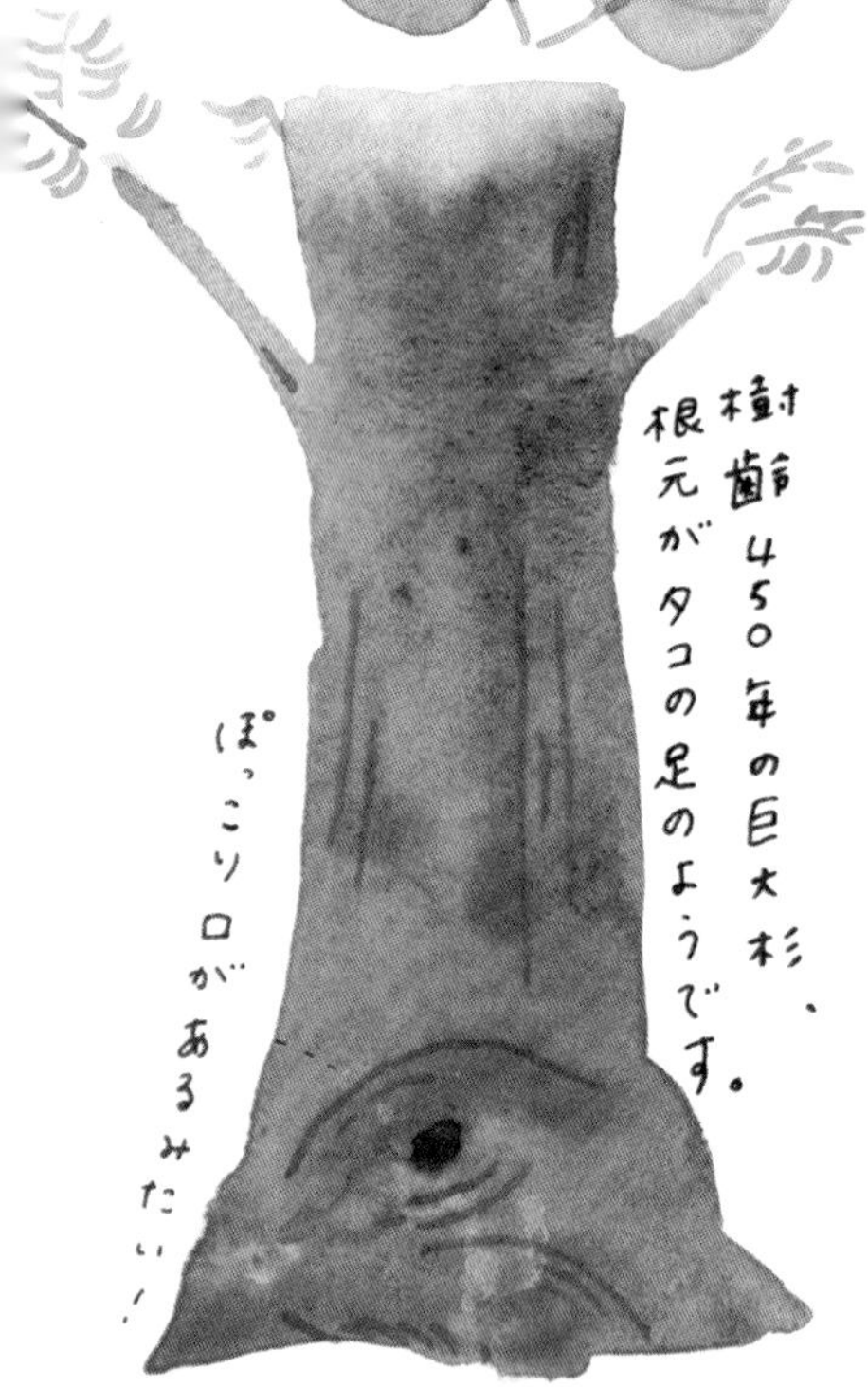

樹齢450年の巨大杉、根元がタコの足のようです。

ぽっこり口があるみたい!

色づく葉っぱ。赤、緑、黄色。

展望台からの眺め、絶景!

案外キツイー!

SPOT 2)

髙尾山薬王院

タカオサンヤクオウイン　八王子市高尾町2177
☎042-661-1115　🕘9:00~16:00 / 無休

薬王院まで来たら、山頂まであと少し！ 天狗があちらこちらにいますよ〜！

大きな天狗！
山の上で見守っています。

鳥居ともみじの赤がとってもキレイ…

まっ赤な御本社。

山頂からの眺めは格別。
空気がおいしい〜！

到着！

やった〜!!

TOKYO
OSANPO
12
months

秋

AUTUMN

10月 神田・神保町

11月 蔵前

12月 銀座・築地・月島

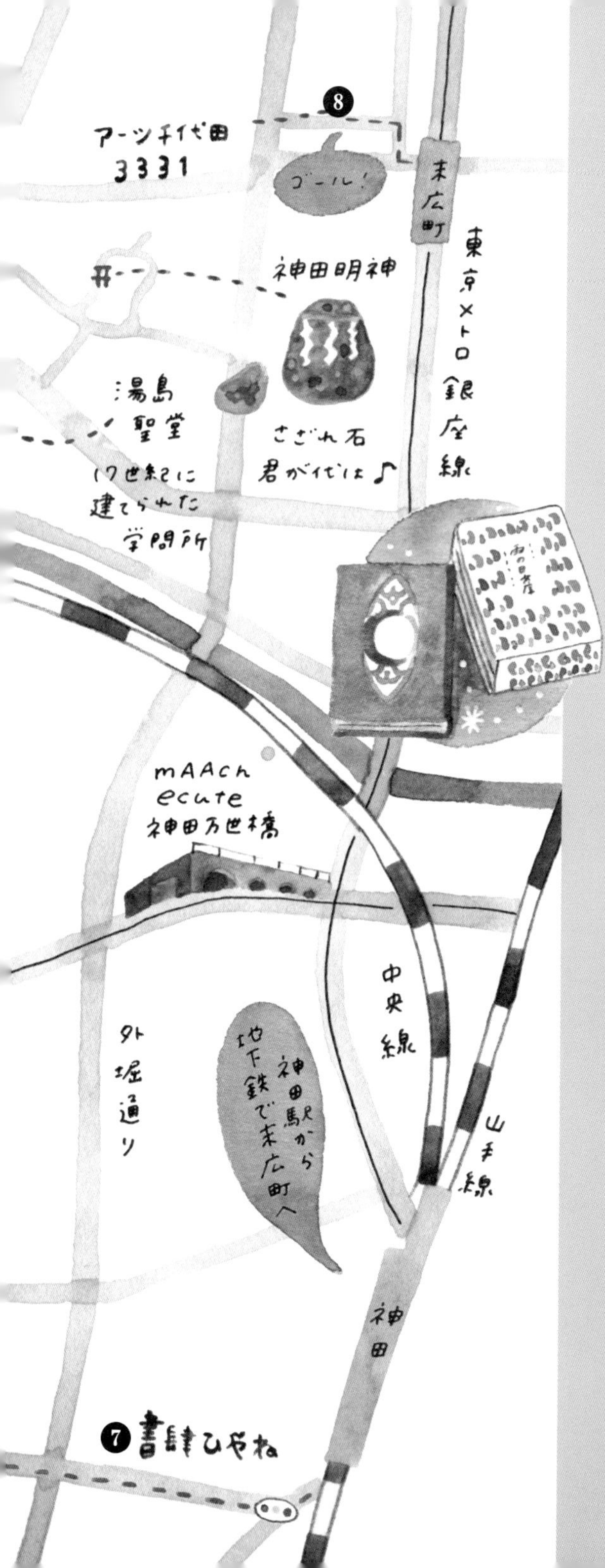
8
アーツ千代田
3331
ゴール!
末広町
東京メトロ銀座線
神田明神
湯島聖堂
さざれ石
君が代は♪
17世紀に
建てられた
学問所
mAAch
ecute
神田万世橋
中央線
外堀通り
地下鉄で神田駅から末広町へ
山手線
神田
7 書肆ひやね

10

October

古書店街とアートさんぽ

神田・神保町

古本の匂いに誘われて

神保町は、世界最大の古書店街。170以上の本屋さんが軒を連ねます。古本のなんともいえない懐かしい紙の匂い、私は大好きです。今回は歩きだけでなく、電車で末広町へも。閉校した学校を利用したアート施設へ足を延ばしました。古本も学校も、モノだけではなく、想いもバトンのように繋いでいくのだと感じ取ることができました。

ROUTE

START

東京メトロ半蔵門線、都営地下鉄三田線・新宿線
神保町駅

1. 神保町にゃんこ堂
2. 印章会館
3. @ワンダー
4. 神保町ブックセンター
5. さぼうる
6. magnif
7. 書肆ひやね
8. アーツ千代田 3331

GOAL

TOTAL 5時間

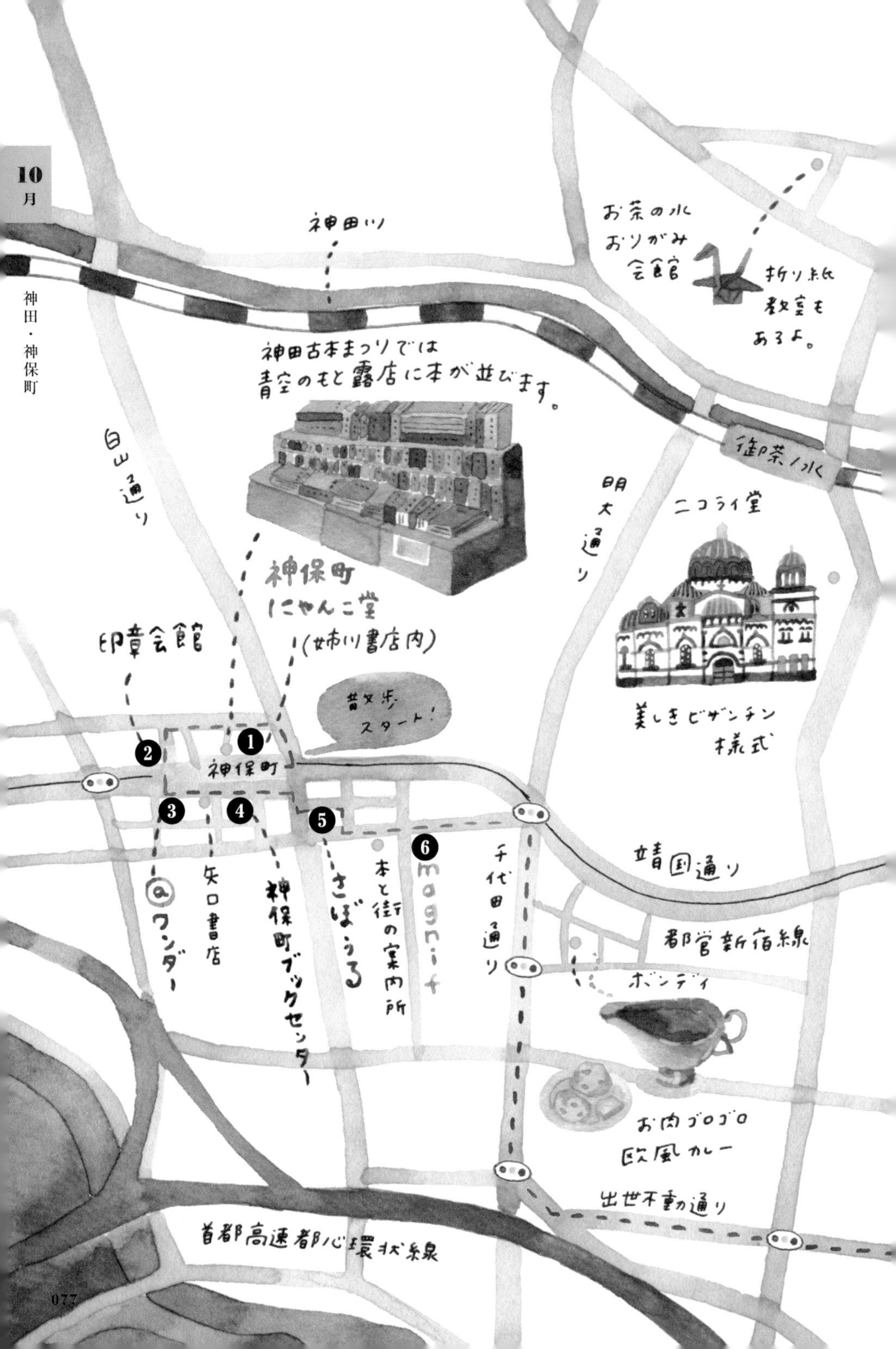
神田川
お茶の水
おりがみ
会館
折り紙
教室も
あるよ。
神田古本まつりでは
青空のもと露店に本が並びます。
御茶ノ水
白山通り
明大通り
ニコライ堂
美しきビザンチン
様式
神保町
にゃんこ堂
(姉川書店内)
印章会館
散歩
スタート!
1
2
神保町
3
4
5
6
靖国通り
@ワンダー
矢口書店
神保町ブックセンター
さぼうる
本と街の案内所
magnif
千代田通り
都営新宿線
ボンディ
お肉ゴロゴロ
欧風カレー
出世不動通り
首都高速都心環状線

神田古本まつり

神保町の街に降り立つと、露店の本屋さんが列をなしています。
神田古本まつり
神田古本まつり
神田古本まつり
本の海に溺れそう〜!!
ぴょこっと隙間にいる店員さん
右を見ても左を見ても本の山!
若いお客さんもちらほらり。

まるで宝探し 神田古本まつりへ

毎年10月下旬から11月上旬に神保町古書店街で行われる神田古本まつりに、行ってきました。靖国通りには露店の本屋が並び、人でいっぱい。ふと目にした一軒のお店で、探していた本を発見！ これはもしかしたら、本に呼ばれたのかもしれないぞ。他にも古本まつりだけのイベントやワークショップ、食べ物の屋台もあり、1日中楽しめました。

印章会館 MAP 2
インショウカイカン

千代田区神田神保町2-4　☏03-3261-1017
🕘9:00~17:00 / 土・日・祝休

石印彫刻体験
500円

古本市のイベントで
石印彫刻ができると聞き
チャレンジしてきました！

好きな文字を予め石に
墨で入れてくれています
…
基本は
直線を削り、
台を回しながら一方向
に彫っていきます。
初めてでも
分かりやすく
教えて
くれますよ。
どうですか？
歯ブラシで削りカスを掃除。
完成！
世界にひとつ、嬉しいな♪

個性あふれる本屋を訪ねて

ねこのことがもっとわかる、ねこ検定公式ムックです。

『ねこ検定』

クリアファイル

オリジナルグッズもかわいいです。

神保町にゃんこ堂

ジンボウチョウニャンコドウ

MAP ❶

千代田区神田神保町2-2 姉川書店内
☏03-3263-5755
🕓10:00~20:00、土・祝11:00~18:00 / 日休

猫専門の本屋さん。
癒しの空間でございました…♡

マリリン・モンロー

『王子と踊子』パンフレット

@ワンダー

アットワンダー

MAP ❸

千代田区神田神保町2-5-4 1・2F
☏03-3238-7415
🕓11:00~19:00、日・祝~18:00 / 無休

SF&ミステリー、映画パンフレットの宝庫です！
オードリー・ヘプバーンの写真集

国内外のファッション誌を中心に扱うお店。

かっこいい『TIME』

magnif

マグニフ

MAP ❻

千代田区神田神保町1-17
☏03-5280-5911　🕓11:00~18:30 / 不定休

アート、モード、ストリートetc.
色あせない雑誌が見つかります。

自分に似ているこけしを探してしまう。

永井荷風の『墨東綺譚』を購入。

書肆ひやね

ショシヒヤネ

MAP ❼

千代田区内神田2-10-2　☏03-3251-4147
🕓11:00~19:00 / 日・祝休

古本屋めぐりの終わりに足を延ばして行ってほしい！
こけしと古本がお出迎え。

神保町ブックセンター MAP 4

ジンボウチョウブックセンター

千代田区神田神保町2-3-1 1～3F
☏03-6268-9064 🕓9:00~20:00、
土・日・祝10:00~19:00 / 無休

本を片手にブレイクタイム

岩波書店の本が揃います。本を読みつつまったり。

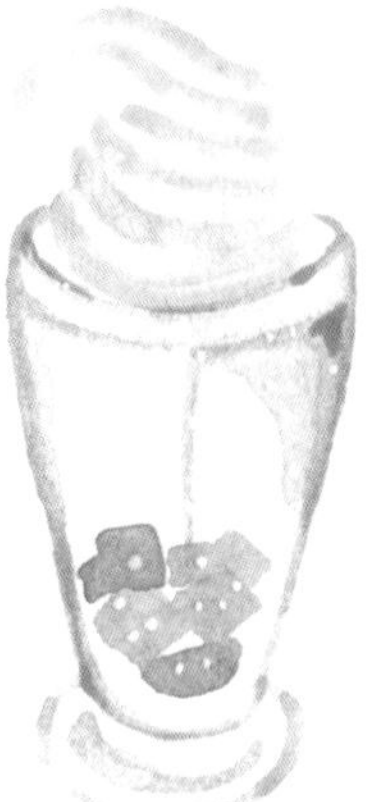

岩波文庫のカバーの色のゼリーが入ってます。

文庫ソーダフロート付き 750円

さぼうる MAP 5

千代田区神田神保町1-11
☏03-3291-8404
🕓9:30~23:00（LO22:30）/ 日・祝休

コーヒー 480円

しっかり濃いめ！

言わずと知れた、神保町の老舗喫茶店。
コーヒー片手に、ゆっくり読書いたしましょう！

伝票に描かれたトーテムポール。
いい味出してます…

ひと息ついて 読書の時間ですよ

本屋さんめぐりの後は、購入した本を読むべくひと休み。神保町はカフェや喫茶店も充実しています。「神田ブックセンター」はメニュー表が本の形に！ 本にちなんだメニューの「文庫ソーダ」を注文しました。老舗の「さぼうる」は、訪れた日が土曜ということもあり行列ができていました。お茶をしながらの読書、しばし時間を忘れます。

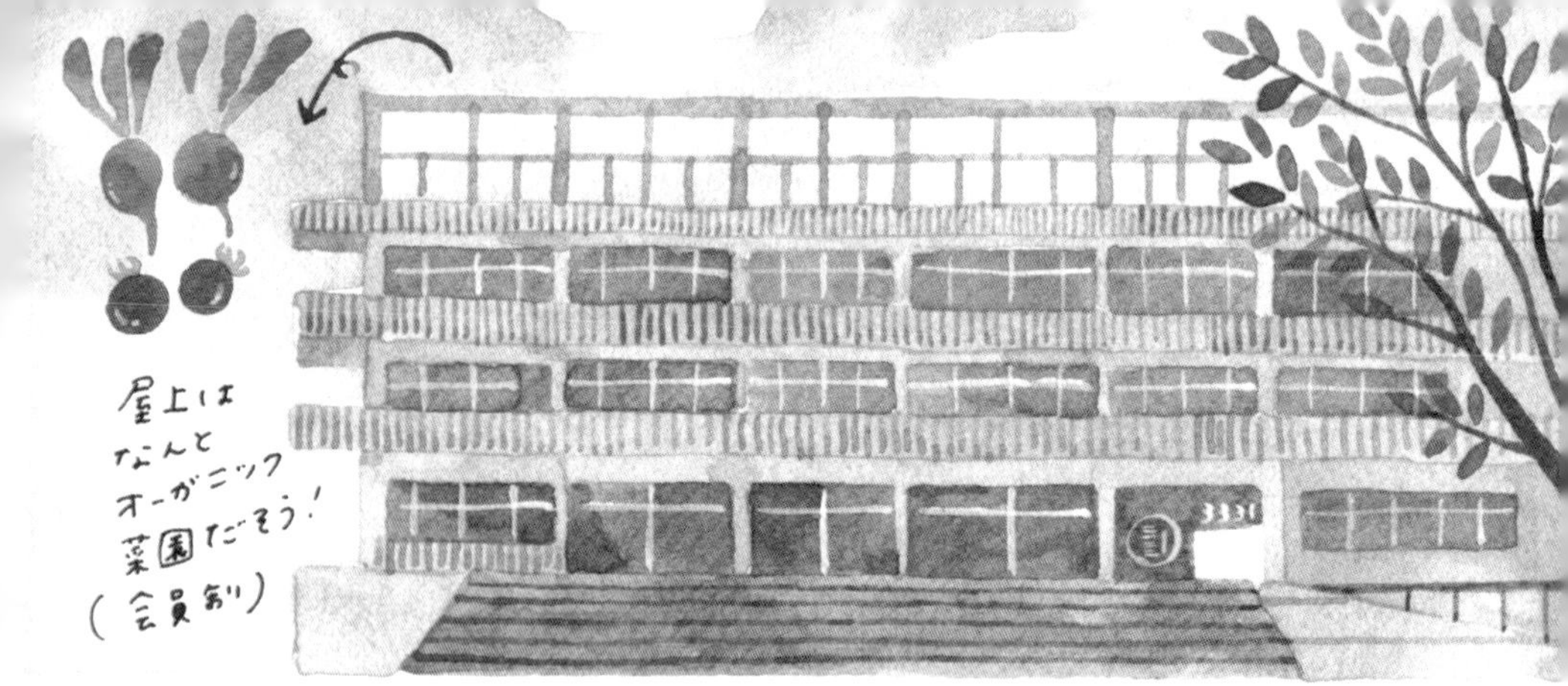
屋上はなんとオーガニック菜園だそう！（会員制）

アート
使わなくなったおもちゃで作った恐竜！こうした作品も見られます。

憩いのフリースペース
黒板や教卓が使われています。

ショップ
かっこいい！作家さんの木彫り熊。

…廊下にもアート作品が

アーツ千代田 3331

アーツチヨダ サンサンサンイチ

MAP 8

千代田区外神田6-11-4　☎03-6803-2441（代表）
🕓10:00~21:00（カフェ、レストランは11:00~20:00）/ 無休 ※カフェ、レストランは火休

懐かしさと新しさ受け継がれていく校舎

「アーツ千代田　３３３１」は閉校した中学校の校舎を利用したアートセンターです。中に入るとまず目に飛び込んでくるのが、大きなフリースペース。机や黒板があるので、つい友人と生徒と教師役を演じ、はしゃいでしまいました！　館内を回っているうちに、自分の通っていた学校を思い出し、とっても懐かしい気持ちになりました。

OSANPO SNAP @ KANDA, JINBOCHO

magnifにあった
雑誌。飾ってもおしゃれ。

＼さあ来たぜ！／

男の人はリュック率高し。

書肆ひやねで
こけし入門を
お客さんから教えて
もらいました。

歴史感じる
矢口書店。

夢野書店…

＼昭和31年
発行の『りぼん』
見つけました！

3331
ARTS CYD

小さなハリネズミカメラ

〃廊下、走っちゃダメよ！〃

下駄箱はパンフレット入れに
なっており、再利用
されています。

おしゃれなフィルム
カメラのお店が
ありました！

教室だったスペースが、
ギャラリー空間に。

懐かしの教室
にきゅんと
してしまい
ました。

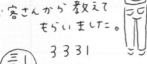

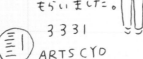

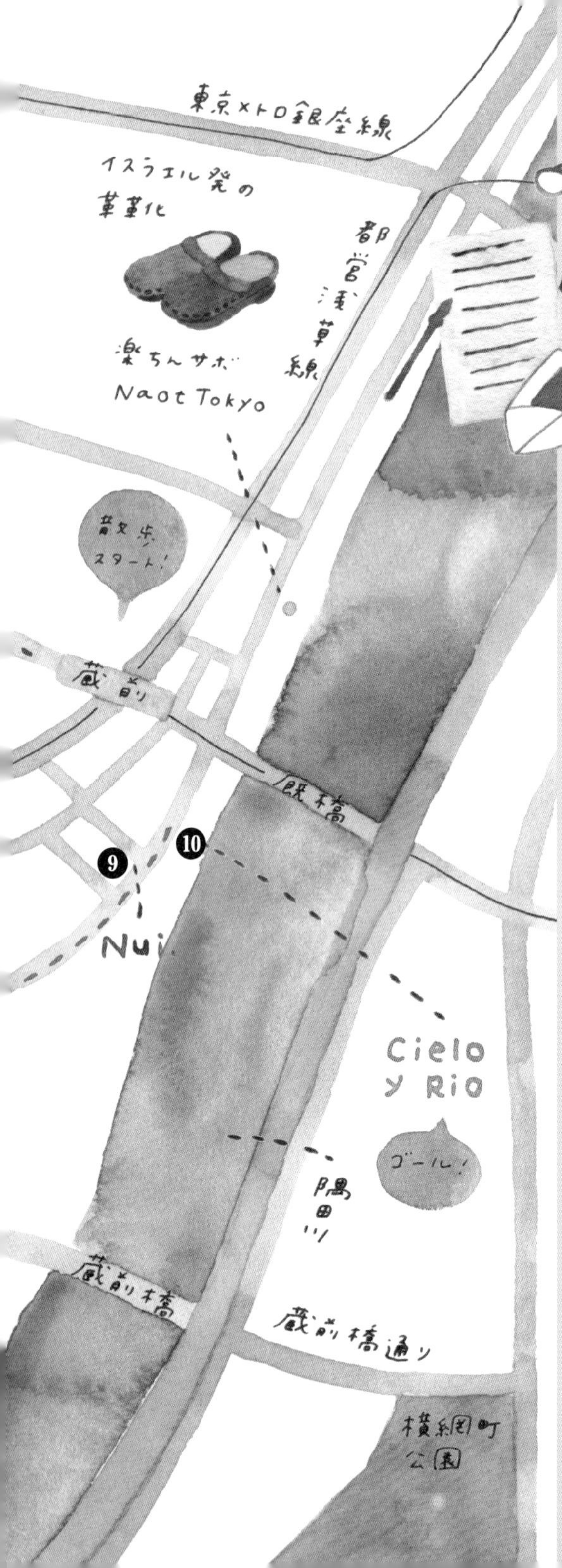

11

November

手作り雑貨とカフェさんぽ

蔵前

レトロなリノベショップめぐり

澄み渡った空が気持ちのよい11月はさんぽにぴったり。おしゃれな雑貨店やカフェをめぐりたくなります。蔵前は、古くから職人が住む、ものづくりの街。昔の倉庫や民家をリノベーションした雰囲気のあるお店も多い人気エリアです。大江戸線蔵前駅から国際通りに向かって歩き、レトロなタイガービルからさんぽスタート！　自分だけのお気に入りを探しましょう。

ROUTE

START

都営大江戸線　蔵 前 駅

1. NOCE浅草蔵前店
2. numeri
3. inkstand by kakimori
4. エムピウ
5. MaitoDesignWorks
6. REN蔵前店
7. カキモリ
8. つばめ工房
9. Nui. HOSTEL & BAR LOUNGE
10. Riverside Cafe Cielo y Rio

GOAL

TOTAL　4時間30分

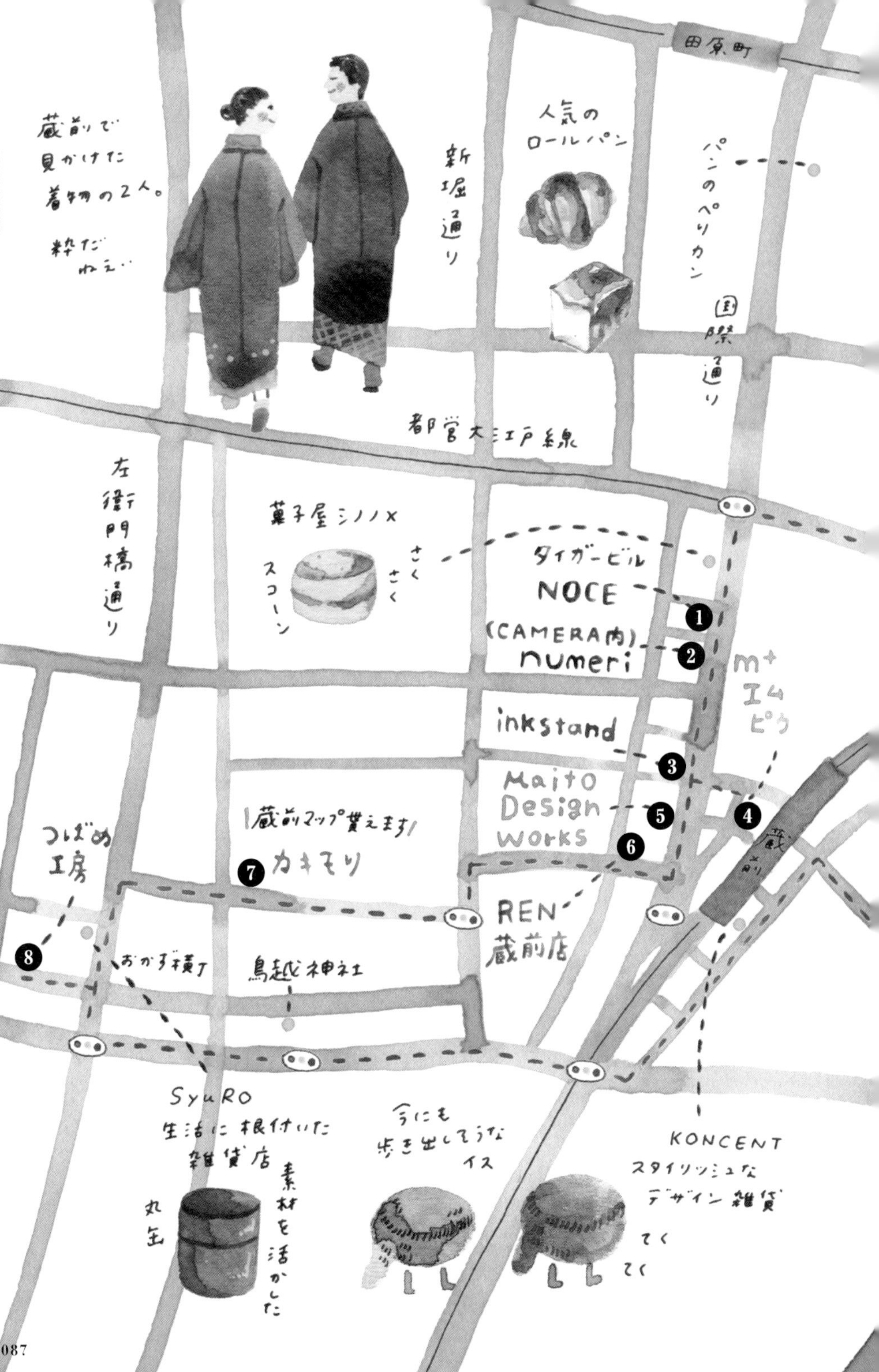
田原町
蔵前で
見かけた
着物の2人。
粋だねぇ…
新堀通り
人気の
ロールパン
パンのペリカン
国際通り
都営大江戸線
左衛門橋通り
菓子屋シノノメ
さくさくスコーン
タイガービル
NOCE
1
(CAMERA内)
numeri
2
m+
エムピウ
inkstand
3
Maito
Design
Works
5
4
6
蔵前
!蔵前マップ貰えます!
カキモリ
7
つばめ工房
8
REN
蔵前店
おかず横丁
鳥越神社
SyuRO
生活に根付いた
雑貨店
素材を活かした
丸缶
今にも
歩き出しそうな
イス
KONCENT
スタイリッシュな
デザイン雑貨
てくてく

タイガービル
NOCE

くつろぎソファー
ヴィンテージ加工のチェア
タイガービルの1階におしゃれな家具屋さんが入っていました。

NOCE浅草蔵前店

ノーチェ アサクサクラマエテン

MAP ❶

台東区蔵前4-30-7 1F
☏03-5825-1688 ⏰11:00~20:00 / 不定休

味わい深いレトロなビルに魅せられて

蔵前にあるリノベビル「タイガービル」。有形文化財指定のこの建物は、台東区内で一番古いビルだそう。この街をずっと見守ってきたビルにロマンを感じずにはいられません。1階の家具店「NOCE」には木のぬくもりを感じる椅子やソファーが所狭しと並びます。手頃な価格も魅力で、いつかここの家具を揃えたい！　とカタログをいただいてきました。今回のさんぽでいちばんのお目当ては、「カキモリ」でオーダーノートを作ること。紙はいろんな種類から選べ、私は絵を描くための画用紙をチョイス。他にもインクやペンなど、仕事道具をチェックしました。ちなみに作ったノートはもったいなくて、いまだに使えません。

カキモリ

MAP 7

台東区三筋1-6-2　☎050-1744-8546
⏰11:00~19:00（オーダーノート最終受付19:00）/ 月休

レターセットやノートなど"たのしく書く"文具が揃うカキモリでオーダーノートを作ってきました！

ノートづくり

1. サイズを選ぶ
B5、B6サイズのタテ・ヨコから選ぶ
＼わくわく／

2. 表紙・裏表紙を選ぶ

いい色が沢山！

うーん　うーん　迷います…

3. 中紙を選ぶ
スケッチ用の画用紙にしました。

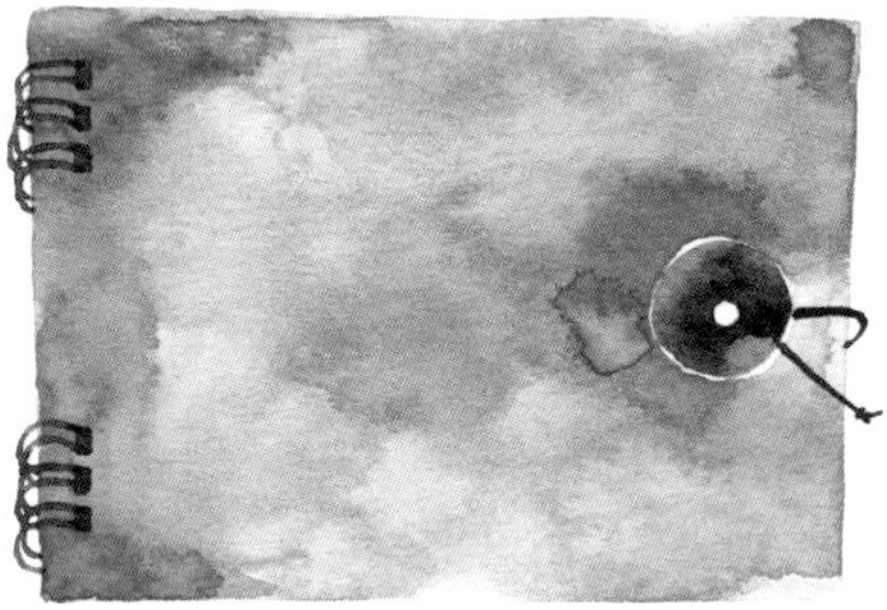

憧れのガラスペン
しゃりしゃりした書き心地。

たのしく、書く人。
カキモリ

裏は黄色にしました！

inkstand by kakimori

MAP 3

インクスタンド バイ カキモリ

台東区蔵前4-20-12 1F
☎050-1744-8547　⏰11:00~19:00 / 月休

4. リングの色を選ぶ
（金 銀 銅 黒 白

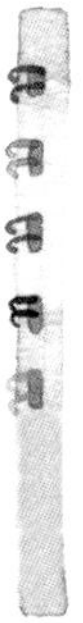

金色に決定！

5. 留め具を選ぶ
ゴム留め
封緘留め
ボタン留め

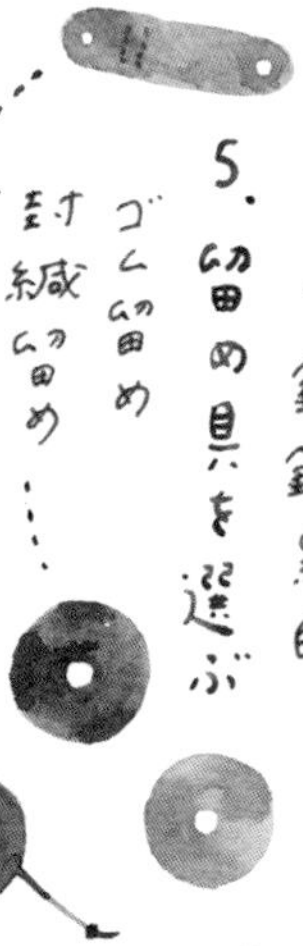

6. 製本

ガチャン…！
プレスで
ガチャン♪
トン トン♪

紐の色も選べます。

ink stand

カキモリにはオーダーインクのお店もあります。

つばめ工房

ツバメコウボウ

MAP 8

台東区鳥越1-12-1 ☎03-6312-4081
🕓11:30~18:30 / 月・火休

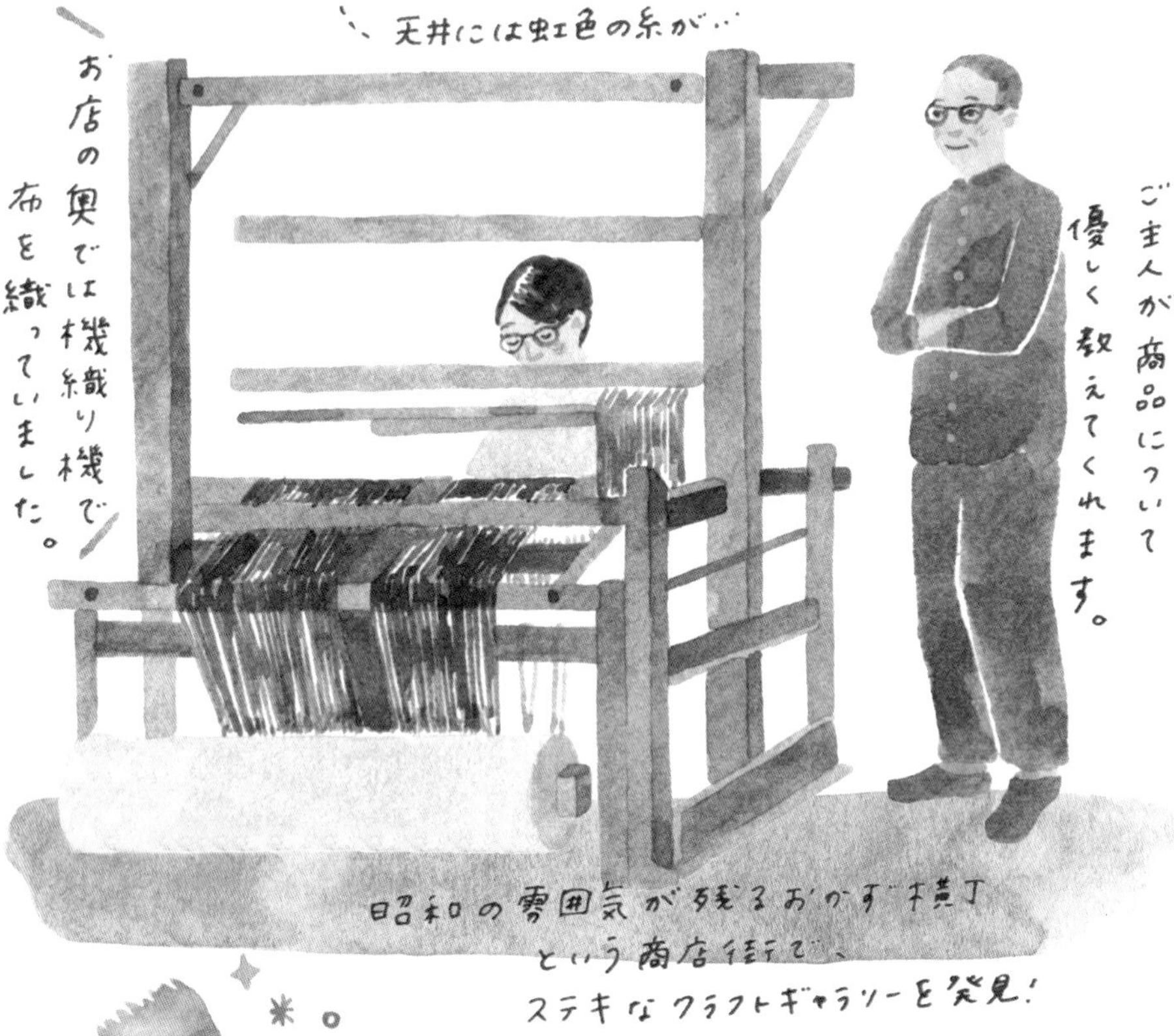

天井には虹色の糸が…
お店の奥では機織り機で布を織っていました。
ご主人が商品について優しく教えてくれます。
昭和の雰囲気が残るおかず横丁
という商店街で、
ステキなクラフトギャラリーを発見!

世界にひとつだけ 手作りの工房を訪ねて

蔵前を歩いていると、草木染めの布や革の工房を見かけます。商店街の一角にある「つばめ工房」を訪ねると、奥でカタン、カタンと機織り機のいい音が。この場所で布を織り、アクセサリーやストールを制作しています。1本の糸から紡ぐ作品は、作り手の思いが伝わり温かい気持ちに。他の訪ねたお店でも、みなさん嬉しそうに作品や街のことを教えてくれ、蔵前の魅力を再認識しました。

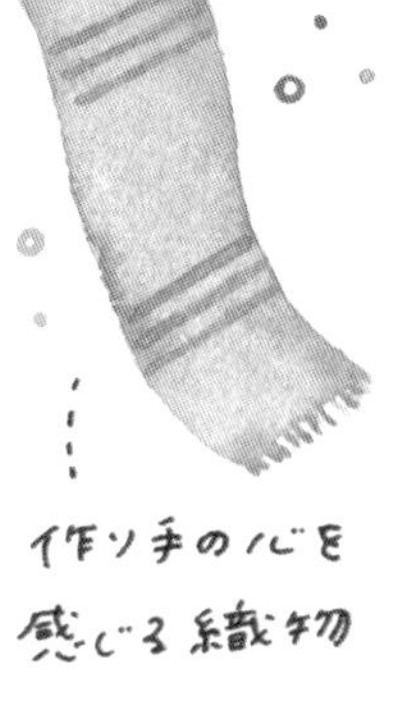

作り手の心を
感じる織物

布と革小物のお店

MaitoDesignWorks
マイトデザインワークス

MAP 5

台東区蔵前4-14-12 1F
☎03-3863-1128　🕓11:30~18:30 / 月休

天然染料100%。
草木染めの商品を扱うお店。

自然が作る美しい色

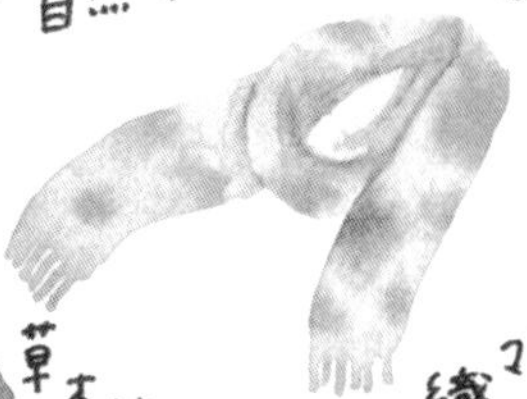

草木染めのかすみ織マフラー

REN蔵前店
レンクラマエテン

MAP 6

台東区蔵前4-13-4 1F　☎03-5829-6147
🕓12:00~19:00 / 月休（祝日の場合は営業）

シンプルで飽きのこないデザイン。
オリジナルレザーを使用した、
バッグのブランドです。

優しい色合い。

定番のハリーランチバッグS
1万2100円

どんなシーンにも合いそう!

numeri
ヌメリ

MAP 2

台東区蔵前4-21-8 1F（CAMERA内）
☎03-5825-4170　🕓11:00~18:00 / 月休

カフェCAMERAの店内に
併設されているハンドメイドブランド。

550円
キーキャップを
購入!
いい味に
なると
いいな。

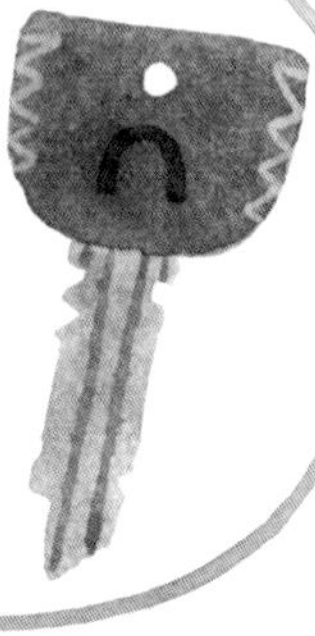

カギを出す度にっこり

エムピウ

MAP 4

台東区蔵前3-4-5　☎03-5829-9904
🕓11:00~19:00 / 日休

村上雄一郎さんの
革製品ブランド。
使うほど愛着がわく、そんな
アイテムが並びます。

お店に行く度
うっとりと
眺めて
おります
…

millefoglieという
シリーズの財布。

Nui. HOSTEL & BAR LOUNGE

MAP 9

ヌイ ホステル アンド バー ラウンジ

台東区蔵前2-14-13 ☎03-6240-9854
🕓カフェ8:00~18:00、バー&ダイニング18:00~翌1:00（フードLO23:00、ドリンクLO翌0:30）/ 不定休

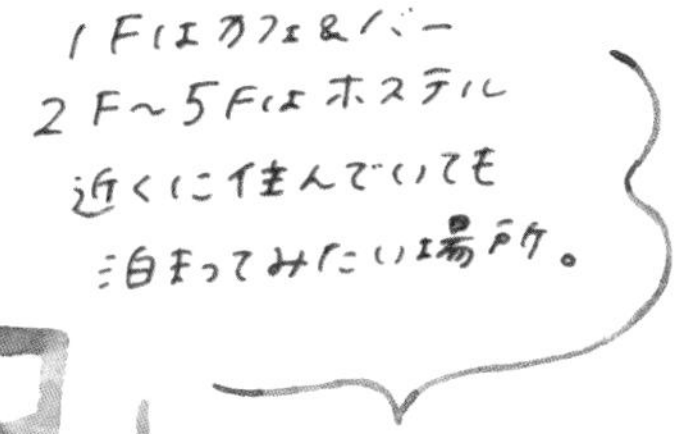
1Fはカフェ&バー
2F~5Fはホステル
近くに住んでいても
泊まってみたい場所。

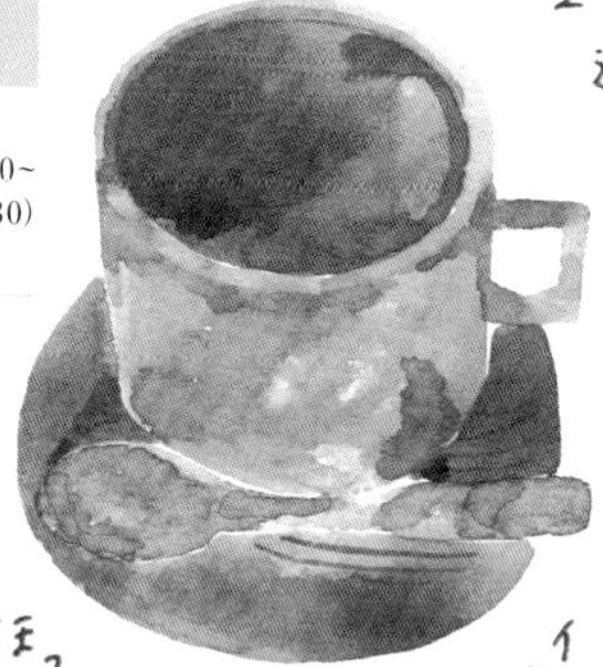
ほっとおいしいホットチャイ

Nui.
シカの角がトレードマーク

天井にはドライフラワー

Riverside Cafe Cielo y Rio

MAP 10

リバーサイド カフェ シエロ イ リオ

台東区蔵前2-15-5 1F ☎03-5820-8121
🕓カフェ11:30~22:30LO（土11:00~、日・祝11:00~21:00LO）、ランチ11:30~15:00LO（土・日・祝は11:00~）、ディナー17:30~22:00LO（日・祝~21:00LO）/ 無休

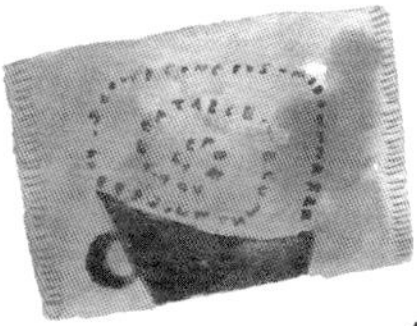
かわいい砂糖のパッケージ

メニュー表はカキモリのオーダーノートでした。

ガトーショコラにぴったり
ホットコーヒー

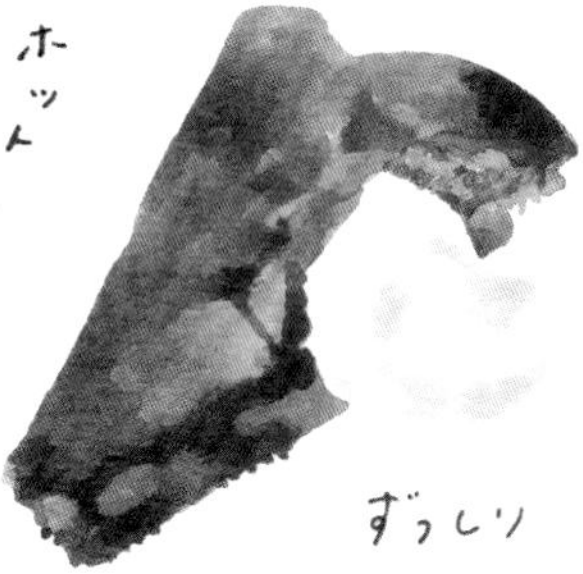
ずっしり
しっかり
濃厚!
ガトーショコラ
大満足の味…

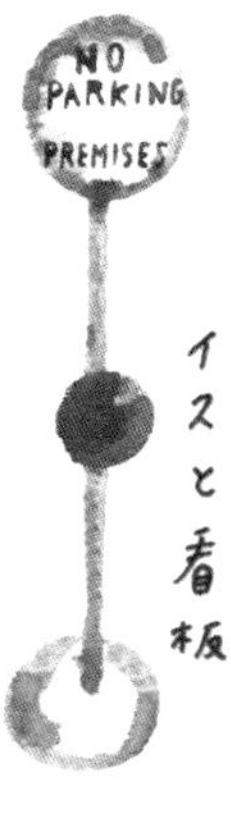
NO
PARKING
PREMISES
スモーキングエリアのイスと看板
いい味が出てるなあ。

異国情緒あふれる隅田川周辺

最後に立ち寄ったのは、隅田川沿いにある2軒のカフェ。どちらも以前散策中に見つけ、今ではすっかり私のお気に入り。「Nui.」は元玩具会社の倉庫を改装したホステル。1階カフェ&バーでは外国人旅行者たちで大賑わいです。英語が飛び交い、ちょっぴり外国にいる気分。「Cielo y Rio」は夜がおすすめ。隅田川を眺めながら、ノスタルジーな気分に浸れますよ。

郵便はがき

104-8011

おそれいりますが
切手をお貼り
下さい

東京都中央区築地
5−3−2

株式会社
朝日新聞出版
生活・文化編集部 行

ご住所 〒 電話 (　　　)		
ふりがな お名前		
Eメールアドレス		
ご職業	年齢 歳	性別 男・女

このたびは本書をご購読いただきありがとうございます。
今後の企画の参考にさせていただきますので、ご記入のうえ、ご返送下さい。
お送りいただいた方の中から抽選で毎月10名様に図書カードを差し上げます。
当選の発表は、発送をもってかえさせていただきます。

愛読者カード

お買い求めの本の書名

お買い求めになった動機は何ですか？（複数回答可）

1. タイトルにひかれて　2. デザインが気に入ったから
3. 内容が良さそうだから　4. 人にすすめられて
5. 新聞・雑誌の広告で（掲載紙誌名　　　　　　）
6. その他（　　　　　　）

表紙　1. 良い　2. ふつう　3. 良くない
定価　1. 安い　2. ふつう　3. 高い

最近関心を持っていること、お読みになりたい本は？

本書に対するご意見・ご感想をお聞かせください

ご感想を広告等、書籍のPRに使わせていただいてもよろしいですか？

1. 実名で可　2. 匿名で可　3. 不可

ご協力ありがとうございました。
尚、ご提供いただきました情報は、個人情報を含まない統計的な資料の作成等に使用します。その他の利用について詳しくは、当社ホームページ https://publications.asahi.com/company/privacy/ をご覧下さい。

OSANPO SNAP @ KURAMAE

かわいい看板！
カキモリ

つばめ工房

外には糸巻き機が…

Maito Design Works

草木染めの靴下かわいかった〜！

ステキなお店は店構えがいいのです◇◇

おかめのお面売ってるよ

昔ながらのおもちゃ屋さんも残ってます。

ここで見つけたのは蜂の巣のような窓！

ノスタルジックなタイガービル。

元気？

よっ

蔵前では店先で縁起物をよく見かけます。

店内は秋の装いよ。

おかず横丁で発見！

昭和の面影を残す酒屋さん。

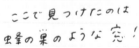

隅田川
もんじゃマップはここで！
月島もんじゃ振興会協同組合
もんじゃストリート
11
月島もんじゃもへじ
月島
寄り道コース
足を延ばして
築地から月島へ

12
December

師走の買い出し・手土産さんぽ

銀座・築地
月島

一年の終わりにごほうびを

クリスマスから年末にかけてのお買い物のために、それぞれご近所の3エリアをめぐります。銀座・築地はともに12月になると、さらにたくさんの人で賑わいます。活気のあふれる街を歩き、まさに一年の締めくくりにふさわしいさんぽとなりました。

ROUTE

START

東京メトロ日比谷線 築地駅

1. 吹田商店
2. 丸武
3. すし処おかめ
4. 銀座カフェーパウリスタ
5. 資生堂パーラー 銀座本店ショップ
6. 月光荘画材店
7. 銀座千疋屋 銀座本店フルーツパーラー
8. 赤坂柿山 銀座三越店
9. 五穀屋 松屋銀座店
10. 銀座 伊東屋　本店

GOAL

TOTAL　5時間30分

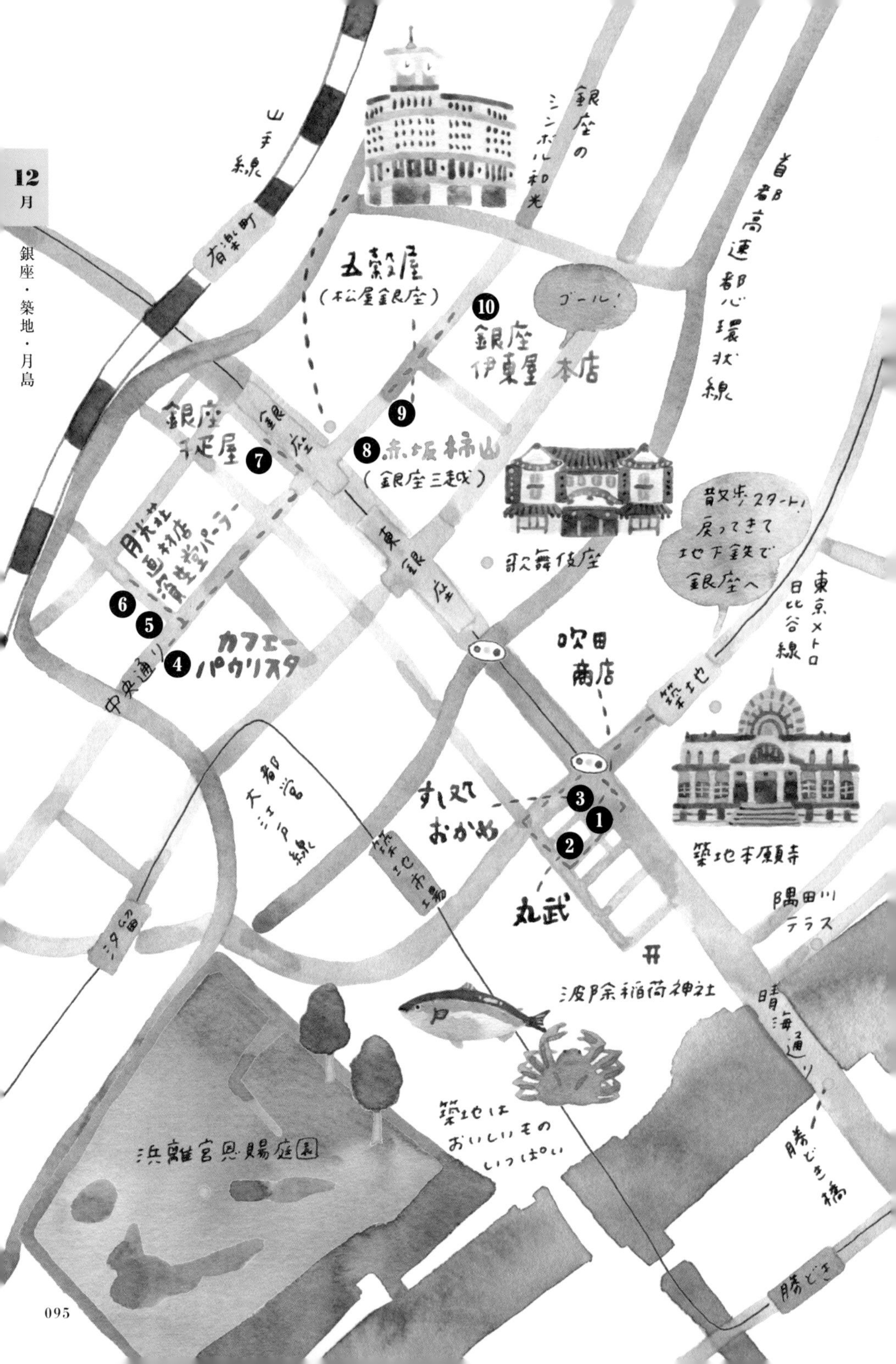
山手線
有楽町
銀座のシンボル和光
首都高速都心環状線
五穀屋
（松屋銀座）
ゴール！
10
銀座伊東屋 本店
9
銀座千疋屋 7
銀座
8 赤坂柿山
（銀座三越）
月光荘画材店
喫茶室パーラー
6
5
4 カフェーパウリスタ
中央通り
東銀座
歌舞伎座
散歩スタート！
戻ってきて
地下鉄で
銀座へ
東京メトロ日比谷線
吹田商店
築地
築地本願寺
3
1
2
おかめ
丸武
都営大江戸線
築地市場
汐留
波除稲荷神社
隅田川テラス
晴海通り
築地はおいしいものいっぱい
浜離宮恩賜庭園
勝どき橋
勝どき

魚貝類カニ類　まぐろ
斉藤水産(株)
場外市場は外国の方も多く、大にぎわい！
年末はカニが食べたーい！
タラバ
670円
260円

東京の台所
下町グルメを食べ歩き

築地場内市場が豊洲に移転した後も、場外市場は元気に営業中！　まずは「吹田商店」でお正月に使う昆布をゲット。歩き疲れたら、「築地魚河岸」の3階屋上広場がおすすめ。「すし処おかめ」では、おいしいマグロがリーズナブルに食べられます。玉子焼きやシュウマイなど、どこもかしこも目を引くお店ばかりで、つい食い意地が張って食べ過ぎてしまいました……。

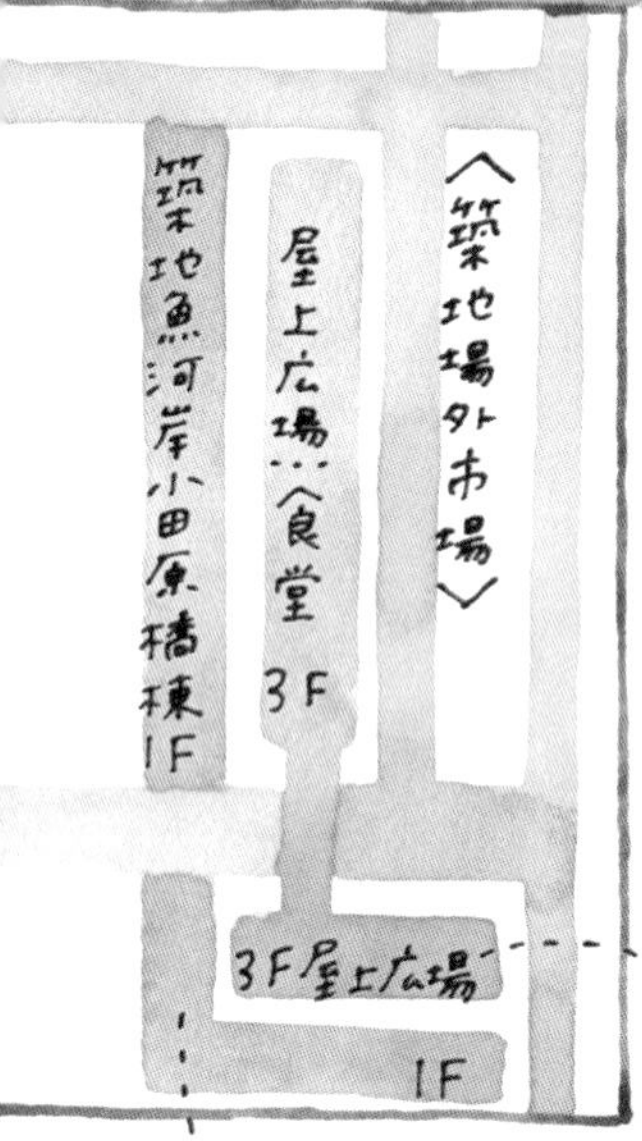
〈築地場外市場〉
築地魚河岸小田原橋棟1F
屋上広場…食堂3F
3F屋上広場
1F
穴場の休憩スポット！場外が見渡せます

吹田商店
スイタショウテン
MAP 1

中央区築地4-11-1　☏03-3541-6931
⏰6:00~14:00 / 日・祝、市場休市日休

鮮魚を買うなら築地魚河岸へ！マグロを捌いていたり、仕入れの気分です。
お正月に欠かせない昆布。おいしい昆布問屋を見つけました！
店頭で作業していらっしゃいました。

すし処 おかめ

スシドコロ オカメ

MAP ❸

中央区築地4-8-7　☏なし　⏰8:00~21:00 (LO 20:30)、土・日~16:00 (LO15:30) / 無休

立喰い寿し
築地といえばお寿司！
初の立ち食い寿司を
体験しました。
大将がてきぱきと
握る姿はかっこいい。

つやつやのまぐろ５種
1000円
大とろ．中とろ．赤身．あぶりとろ．中落ち
まぐろが口の中で
とろけました…

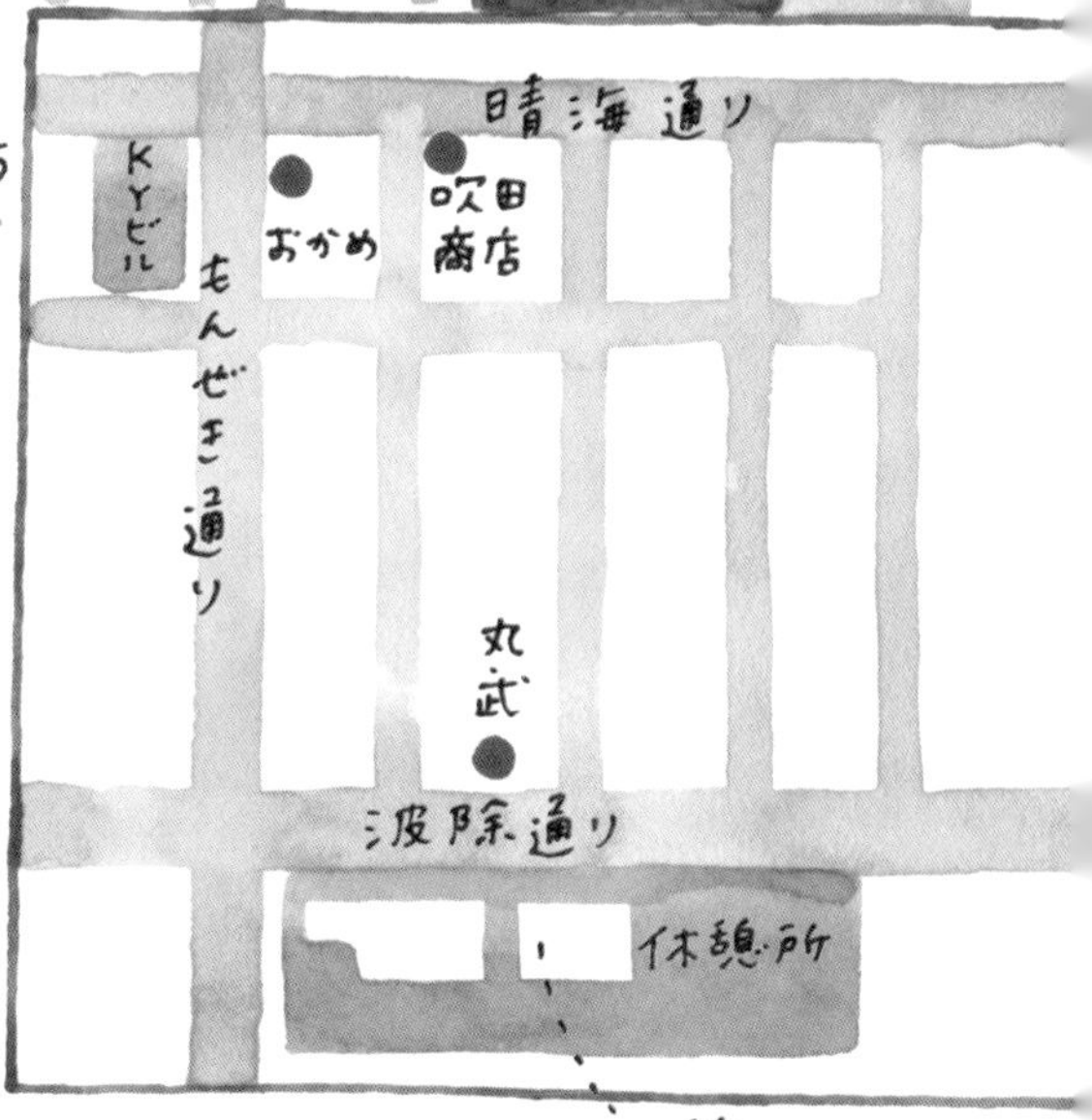
晴海通り
KYビル
おかめ
吹田商店
もんぜき通り
丸武
波除通り
休憩所

丸武

マルタケ

MAP ❷

中央区築地4-10-10　☏03-3542-1919
⏰4:00~14:30、日8:30～14:00 /
祝、1・8月の日、市場休市日休

湯気いっぱいに
ジュワワー
店の奥では職人さんが焼いてます。
お正月の
伊達巻…
ぶらっと築地
総合案内所。
築地マップはこちらで
ふわっと甘め
厚焼き玉子
100円

資生堂パーラー 銀座本店ショップ

MAP ❺

シセイドウパーラー ギンザホンテンショップ

中央区銀座8-8-3 1F ☎03-3572-2147
🕓11:00~21:00 / 無休

銀座カフェーパウリスタ

MAP ❹

ギンザカフェーパウリスタ

中央区銀座8-9 1F ☎03-3572-6160
🕓8:30~21:30、日・祝11:30~20:00 / 無休

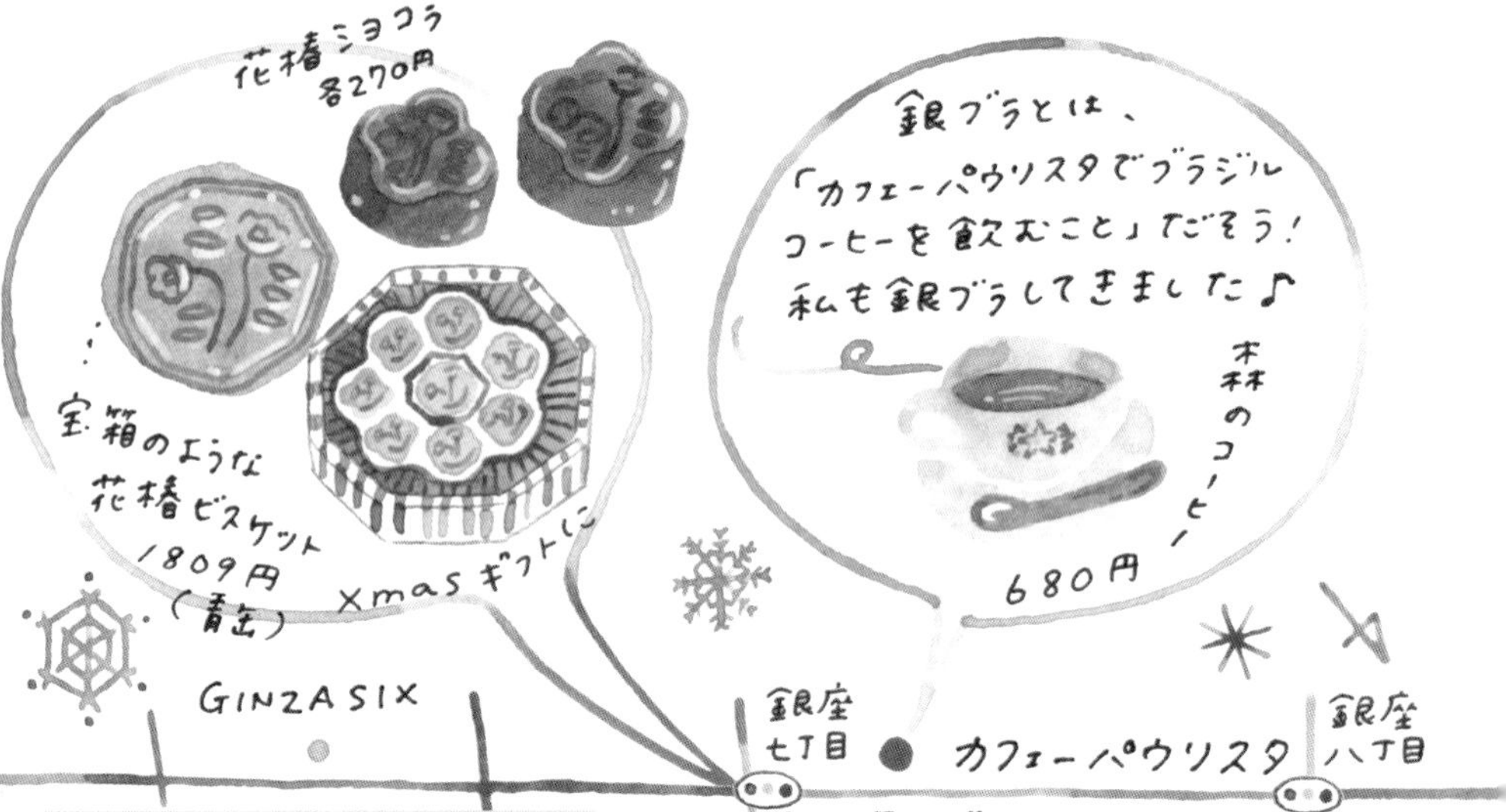

花椿ショコラ 各270円
宝箱のような 花椿ビスケット 1809円 (青缶)
Xmasギフトに
銀ブラとは、「カフェーパウリスタでブラジルコーヒーを飲むこと」だそう! 私も銀ブラしてきました♪
森のコーヒー 680円
GINZA SIX
銀座七丁目
カフェーパウリスタ
銀座八丁目

銀座千疋屋 銀座本店 フルーツパーラー

MAP ❼

ギンザセンビキヤ ギンザホンテン フルーツパーラー

中央区銀座5-5-1 2・B1F ☎03-3572-0101
🕓2F11:00~20:00、日・祝~19:00、B1F11:00~17:30、土・日・祝~18:00 ※LOは各閉店30分前 / 無休

資生堂パーラー
月光荘画材店
老舗の画材店。
かわいいXmasカードを買いに!
ユーモアカード 143円
Merry Xmas

銀座パフェ 1760円
思わず笑顔になる味。

月光荘画材店

MAP ❻

ゲッコウソウガザイテン

中央区銀座8-7-2 1・B1F
☎03-3572-5605 🕓11:00~19:00 / 無休

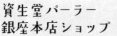

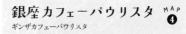

五穀屋 松屋銀座店

ゴコクヤ マツヤギンザテン

MAP 9

中央区銀座3-6-1 B1F　☏03-3567-1211（大代表）
🕓10:00~20:00 / 不定休（松屋銀座に準ずる）

赤坂柿山 銀座三越店

アカサカカキヤマ ギンザミツコシテン

MAP 8

中央区銀座4-6-16 B2F　☏03-3562-1111（大代表）
🕓10:00~20:00 / 不定休（銀座三越に準ずる）

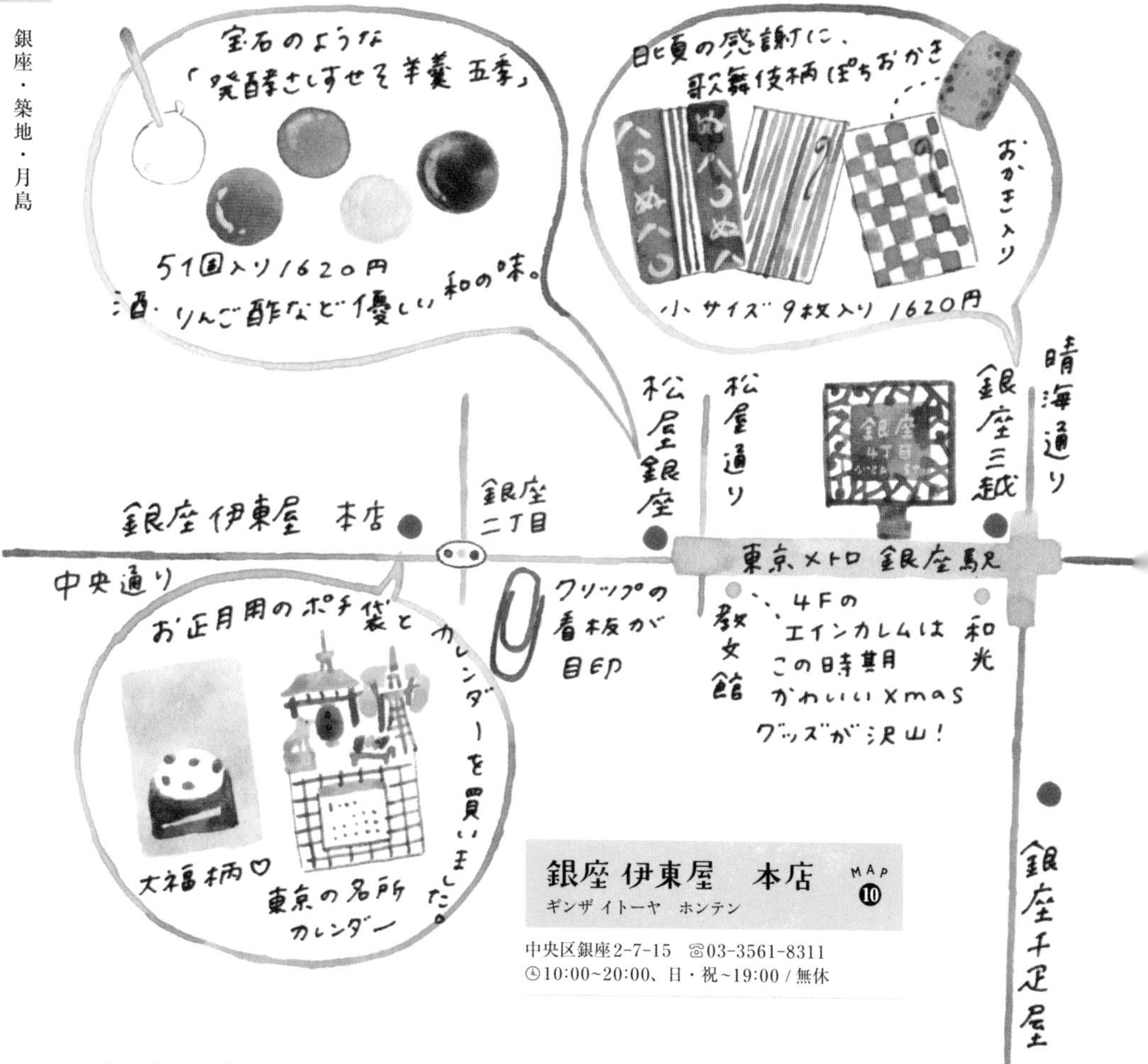
宝石のような
「発酵さしすせそ羊羹 五季」
5個入り 1620円
酒・りんご酢など優しい和の味。
日頃の感謝に、
歌舞伎柄ぽちおかき
おかき入り
小サイズ 9枚入り 1620円
松屋銀座
松屋通り
銀座三越
晴海通り
銀座伊東屋 本店
銀座二丁目
中央通り
東京メトロ 銀座駅
クリップの看板が目印
教文館
4Fのエインカレムはこの時期かわいいXmasグッズが沢山!
和光
お正月用のポチ袋とカレンダーを買いました。
大福柄♡
東京の名所カレンダー
銀座千疋屋

銀座 伊東屋　本店

ギンザ イトーヤ　ホンテン

MAP 10

中央区銀座2-7-15　☏03-3561-8311
🕓10:00~20:00、日・祝~19:00 / 無休

お世話になった人へ手土産を探して

銀座の街はクリスマス一色。ツリーやショーウィンドウの飾り付けに心が躍ります。特別なお土産やプレゼントを買うには、銀座はぴったりな街。老舗や百貨店をめぐります。ウキウキとした気持ちで私が選んだのは、「五穀屋」と「赤坂柿山」。どちらも目で見ても、食べても楽しめる和の贈り物。素敵なラッピングをしてもらって、嬉しくなりました。そうそう、自分へのご褒美も忘れずに。「銀座千疋屋」では銀座パフェを食べて、幸せなひととき。銀ブラを満喫してきました。

もんじゃの焼き方
① 具だけを
鉄板に
出して炒める
モリモリ
明太子クリーム

月島もんじゃ もへじ はなれ

MAP ⑪

ツキシマモンジャ モヘジハナレ

中央区月島3-6-4 ☏03-6312-8983
㋭11:00~23:00、土・日・祝10:15~ / 無休

細かく切ります
ザクザク
② ドーナツ形に土手を作る
店員さんが上手に
焼いてくれます。
③ 土手の中に出汁を流し混ぜる
ジュー
イカスミと塩辛も
美味でした!
④ いただきます!
おこげもおいしいですよね。
ハフハフうまい!

⑤
ごちそう
さまでした
もへじマーク

ちょっと寄り道
もんじゃストリート

せっかく築地に来たのなら、月島にも寄り道してみませんか。川沿いに続く隅田川テラスから歩いて月島に行くことができます。景色も良く、さんぽに最適。月島といえば、もんじゃ焼き。数あるお店の中から選んだのは、築地魚河岸直営の「月島もんじゃ もへじ」。イカスミと塩辛の組み合わせは最高でした！ もんじゃストリートだけでなく、少し横に道をそれると路地に長屋が連なる、昭和の名残を感じる景色にも出合えます。

OSANPO SNAP @ GINZA, TSUKIJI, TSUKISHIMA

＼銀座／

伊東屋7Fの
洋紙コーナーは
紙のサンプルが
グラデーションに！

銀座は
クリスマス
一色

この日の
夕焼けは
ものすごく
キレイで、
思わず
パシャリ。

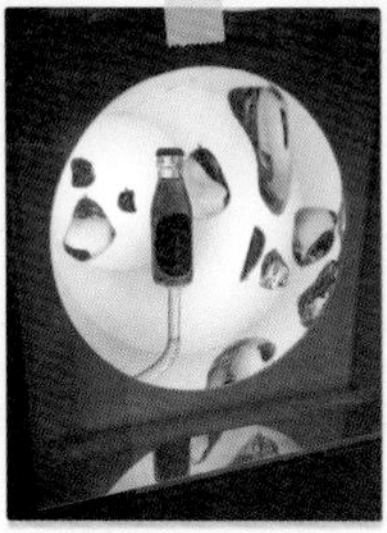

資生堂パーラー
のショーウィンドウ。
ソーダが入ってる！

ペンギンの
楽器隊♫

伊東屋の
XmasディスプレイXmasディスプレイ

＼月島／

もんじゃストリートを
ちょっと横道に
入ると、味のある
路地がみえてきます。

わっ、まぐろの頭！

＼築地／

カニカニ、おいしそう
デスネ…。

ブーン

ターレ、初めて
見ました！

築地魚河岸の
屋上広場
からの眺め。
午前中は
人が
いっぱい
でした。

築地でみつけたアジの
開き
Tシャツ。

ちょっと欲しかった…

SEASONAL TRIP 3.

WINTER

〈〈冬の買い出し〉〉

ひしめき合うプロの道具

かっぱ橋道具街で探す ほっこり食器探しツアー

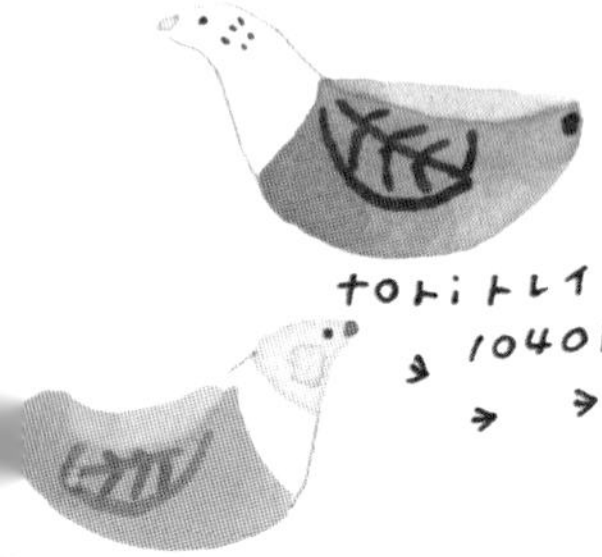
toriトレイ
1040円

タタ用皿
2310円

SPOT 1) キッチンワールドTDI

キッチンワールドティーディーアイ　台東区松が谷1-9-12 1F　☏03-5827-3355　🕒9:30~18:00 / 無休

調理器具が豊富！オススメは白山陶器の器。飽きのこないデザインです。

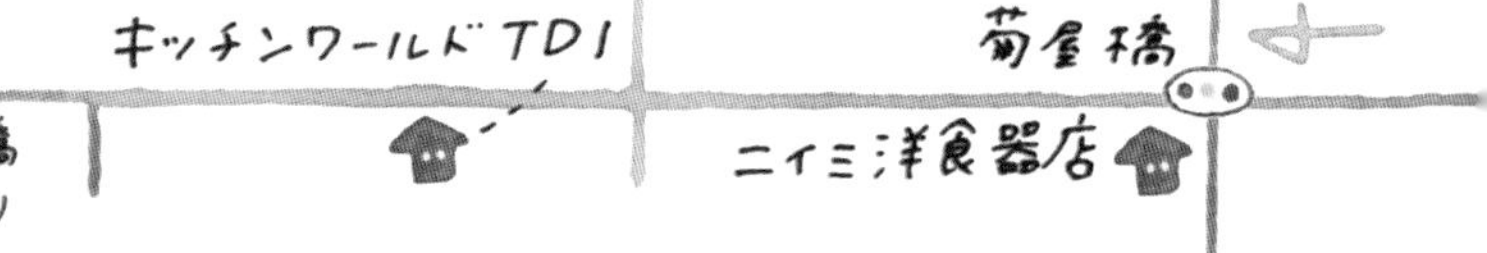
至浅草
浅草通り
キッチンワールドTDI
菊屋橋
かっぱ橋道具通り
ニイミ洋食器店
至上野

SPOT 2) ニイミ洋食器店

屋上の巨大なコック像が目印の、なんでも揃う総合店舗です。

ニイミヨウショッキテン　台東区松が谷1-1-1　☏03-3842-0213　🕒10:00~17:30 / 日休

業務用の大きな鍋もあります。買わなくても見るだけで面白い！

冬といえば鍋。

花三島の土鍋

ドーン！
ニイミ

SPOT 4) 風和里

フワリ　台東区西浅草2-6-6　☎03-5806-8588
🕘9:30~18:00 / 無休

ナチュラルな和・洋食器を探すならここへ行くべし！

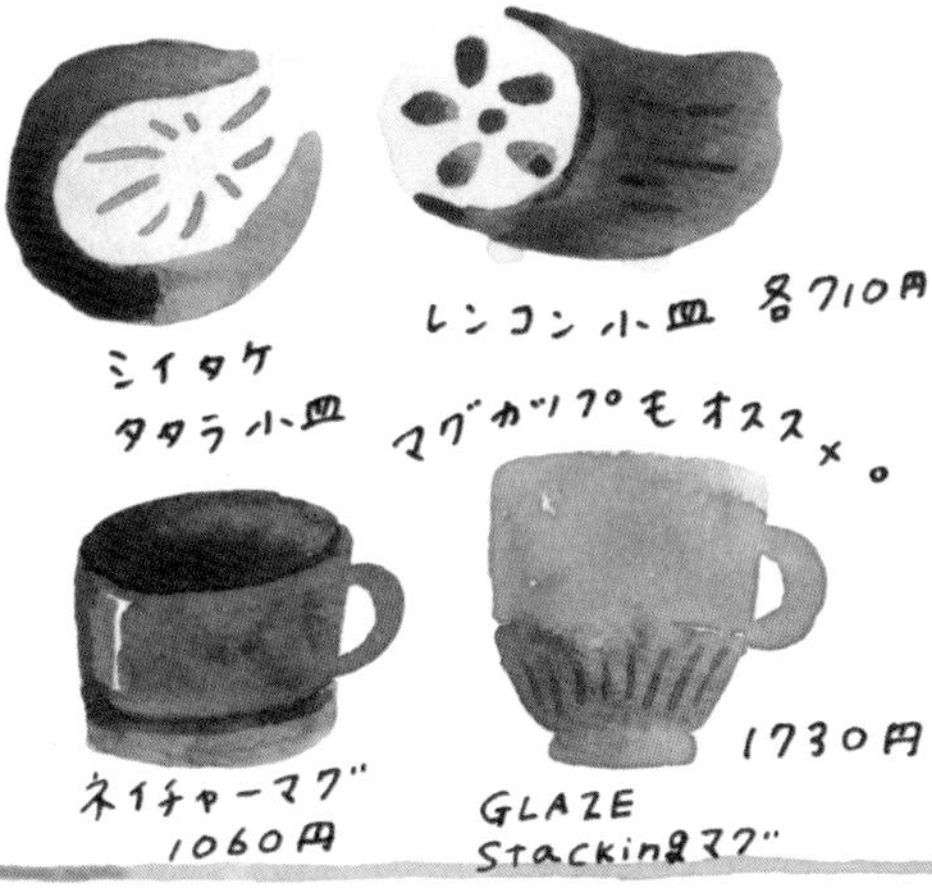
シイタケ
タタラ小皿
レンコン小皿 各710円
マグカップもオススメ。
ネイチャーマグ
1060円
GLAZE
Stackingマグ
1730円

SPOT 3) 食品サンプル まいづる本店

ショクヒンサンプルマイヅルホンテン　台東区西浅草1-5-17　☎03-3843-1686　🕘9:00~18:00 / 無休

本物そっくりでクオリティが高い！
おいしそう…お腹がすきます〜。

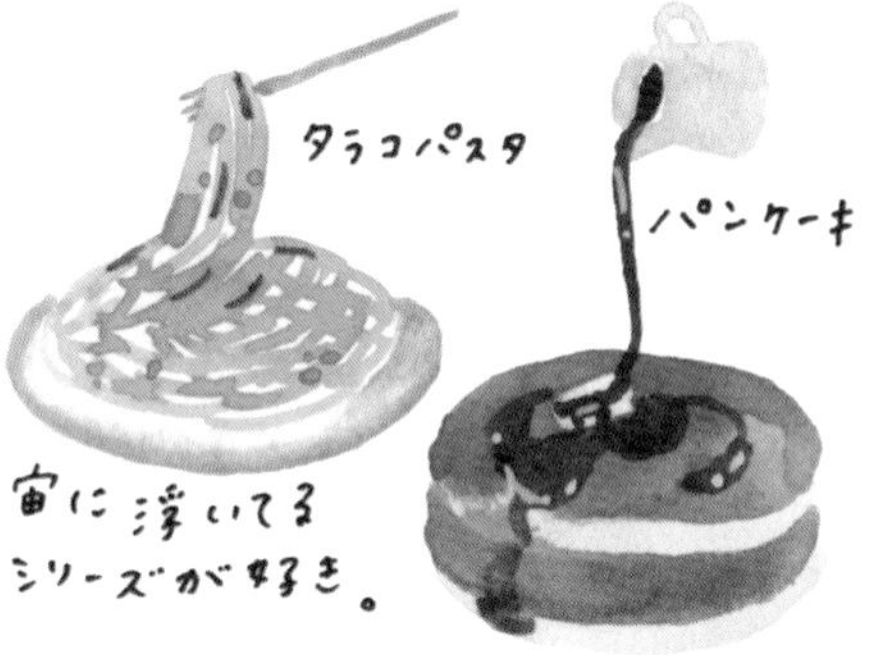
タラコパスタ
パンケーキ
宙に浮いてる
シリーズが好き。

風和里
食品サンプル
まいづる本店
合羽橋南
はし藤本店

創業100年以上、
食卓に欠かせない箸の専門店。

SPOT 5) はし藤本店

ハシトウ ホンテン　台東区西浅草2-6-2 1F
☎03-3844-8403　🕘9:00~17:00 / 日・祝休

箸置きも沢山！アレもコレも欲しい…

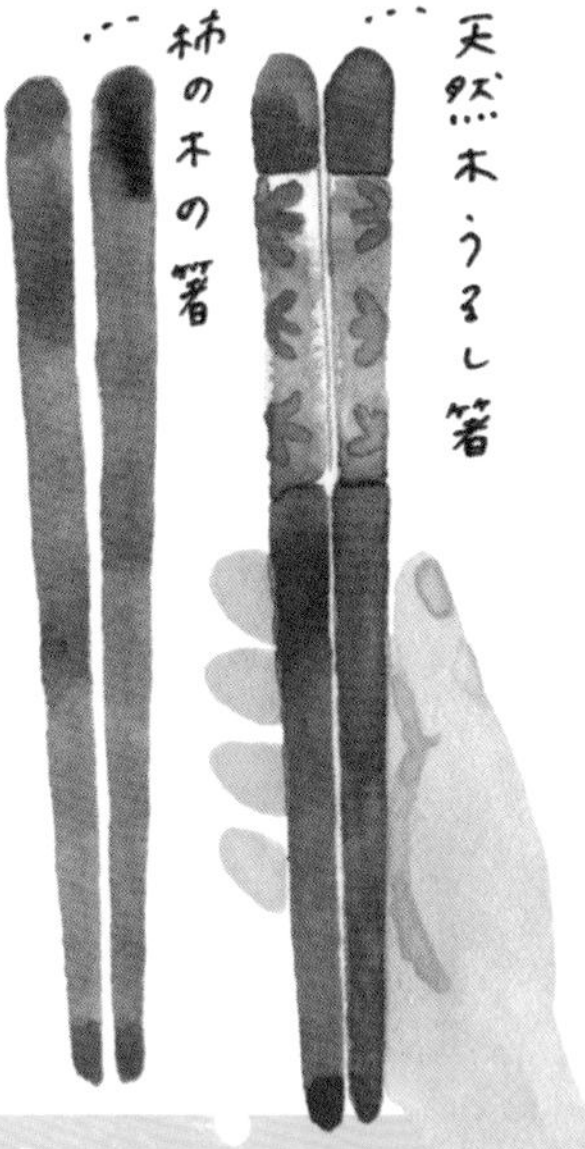
…柿の木の箸
…天然木うるし箸

20. December

初めて合羽橋に訪れたのは、商売をしている父と一緒に。ひとり暮らし用のシンプルな食器を買ってもらったのを思い出します。今回は冬に使うお鍋や食器を探しにやって来ました。かっぱ橋道具街は食器から店の看板、調理衣装まで揃う問屋街。プロも愛用する道具を買うと、料理の腕も上がりそうです。あちこちにいるカッパたちを探すのも楽しいひと時です。❄

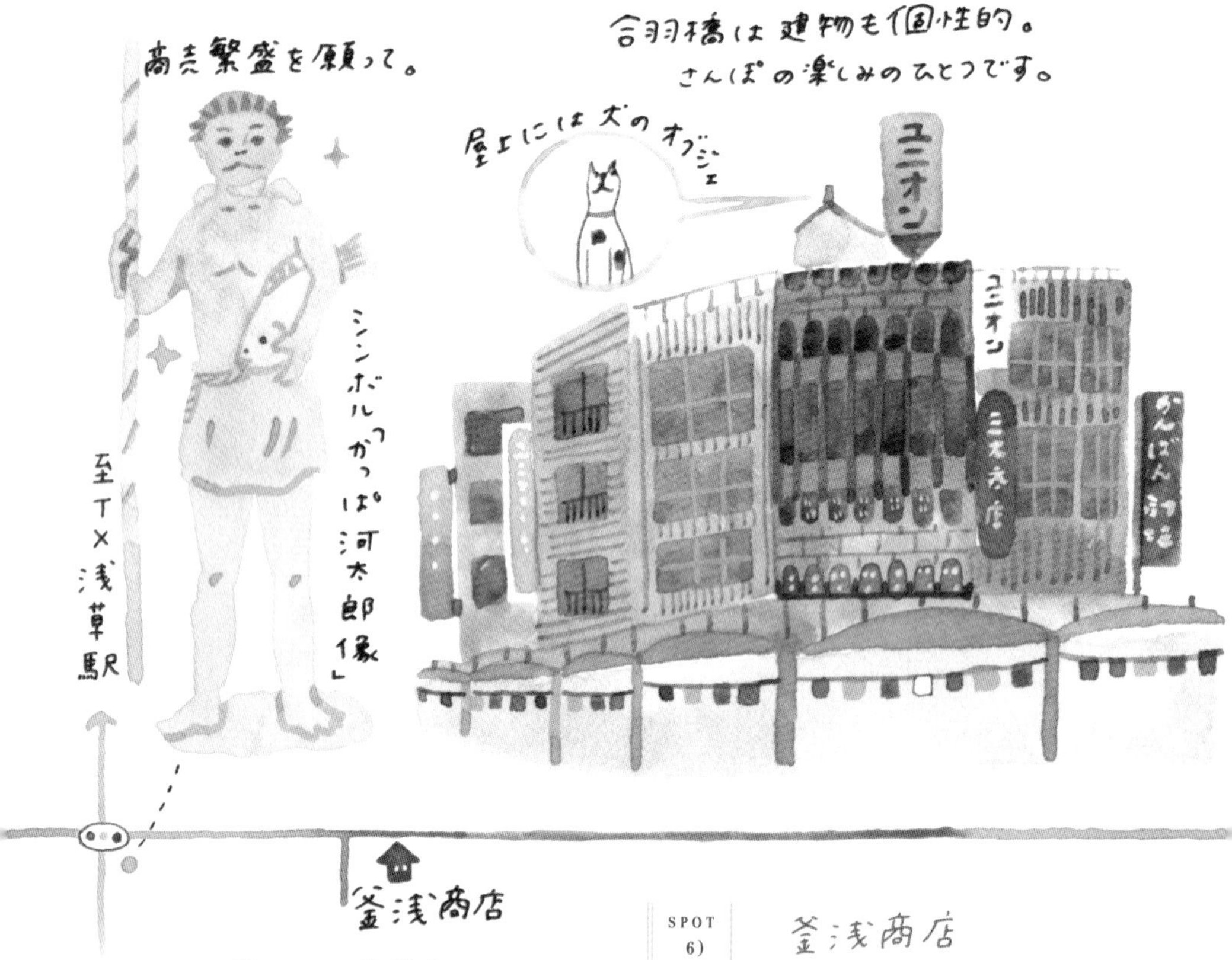
商売繁盛を願って。
合羽橋は建物も個性的。
さんぽの楽しみのひとつです。
屋上には犬のオブジェ
ユニオン
ユニオン
シンボル「かっぱ河太郎像」
至TX浅草駅
釜浅商店

SPOT 6)

釜浅商店

カマアサショウテン　台東区松が谷2-24-1
☎03-3841-9355　🕓10:00~17:30 / 無休

まさに一生モノ。
日本の本当に良い道具が
見つかります。

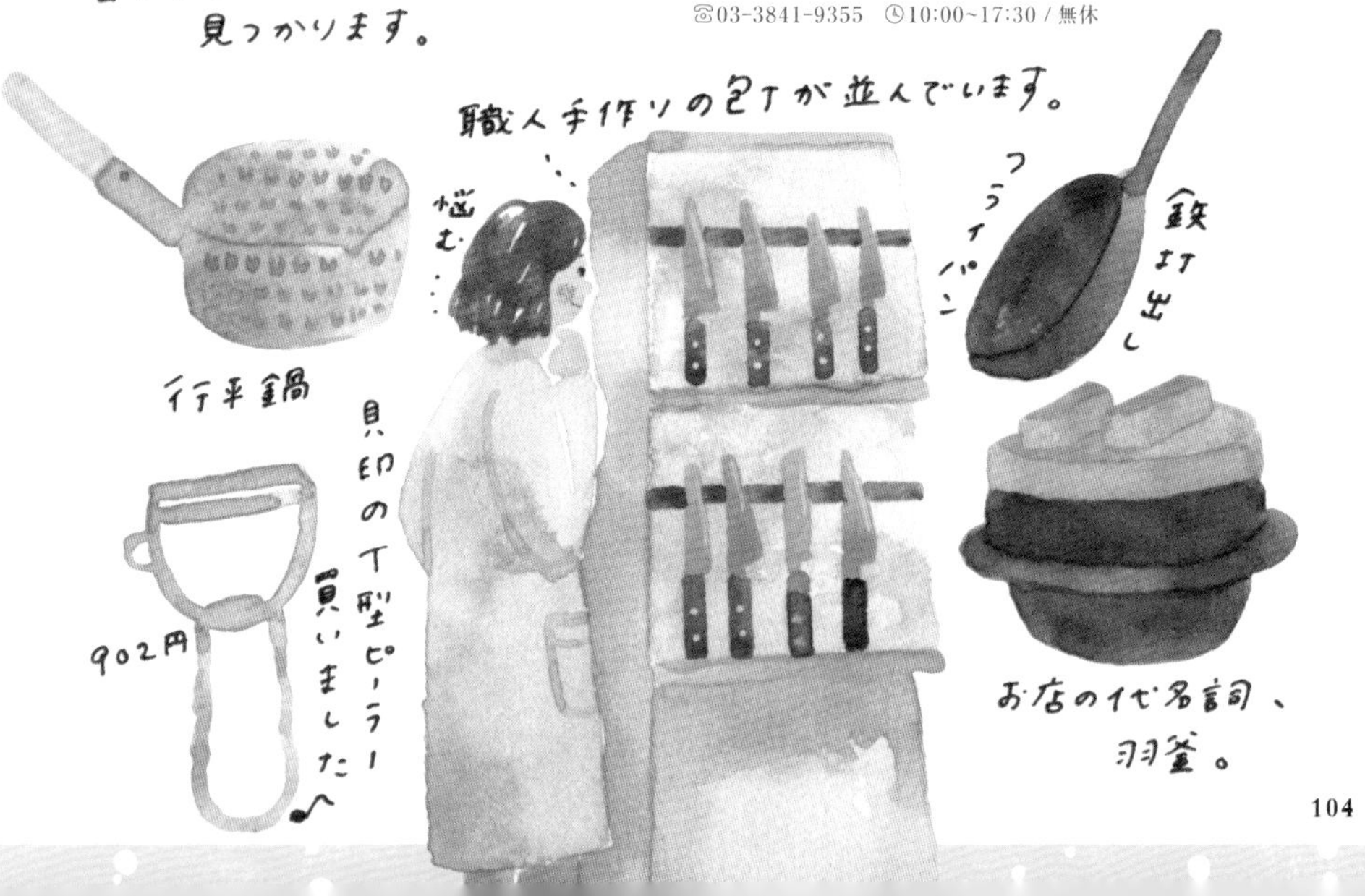
職人手作りの包丁が並んでいます。
悩む…
フライパン
鉄打出し
行平鍋
貝印のT型ピーラー買いました♪
902円
お店の代名詞、
羽釜。

SPOT 7) KAPPABASHI COFFEE & BAR

カッパバシ コーヒー アンド バー
台東区西浅草3-25-11 ☎03-5828-0308
Ⓛカフェタイム8:30~18:00、
バータイム18:00~翌1:00 / 無休

さんぽの締めくくりは、
KAPPABASHI COFFEE&BARへ。
購入した器を眺めながら…
おいしいコーヒーを飲みませんか？

コシヅカハムの
コンビーフトースト。
塩気がちょうどいい。

ランチメニューもおいしい！
サラダ・ドリンク付1000円（税抜）

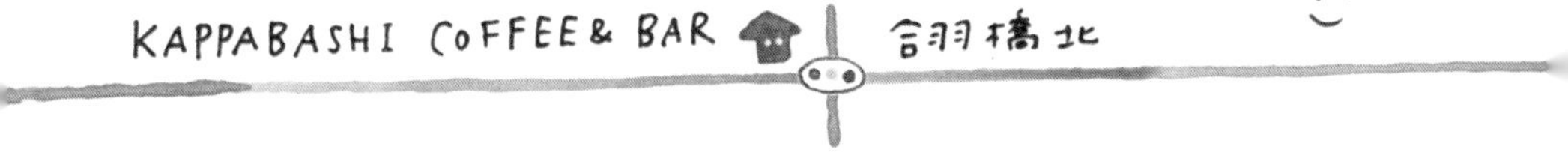

かっこいいディスプレイ。
中にはお菓子の抜き型
が入っています。

掘り出し物を
探そう。

かっぱが
あちらこちらにいるよ！

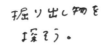

TOKYO

OSANPO

12

months

冬

WINTER

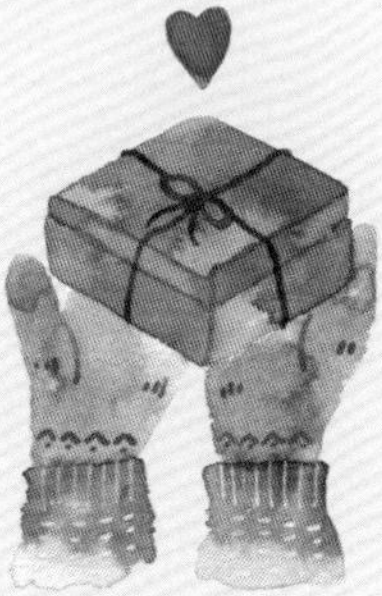

1月 浅草

2月 神楽坂

3月 代官山・中目黒

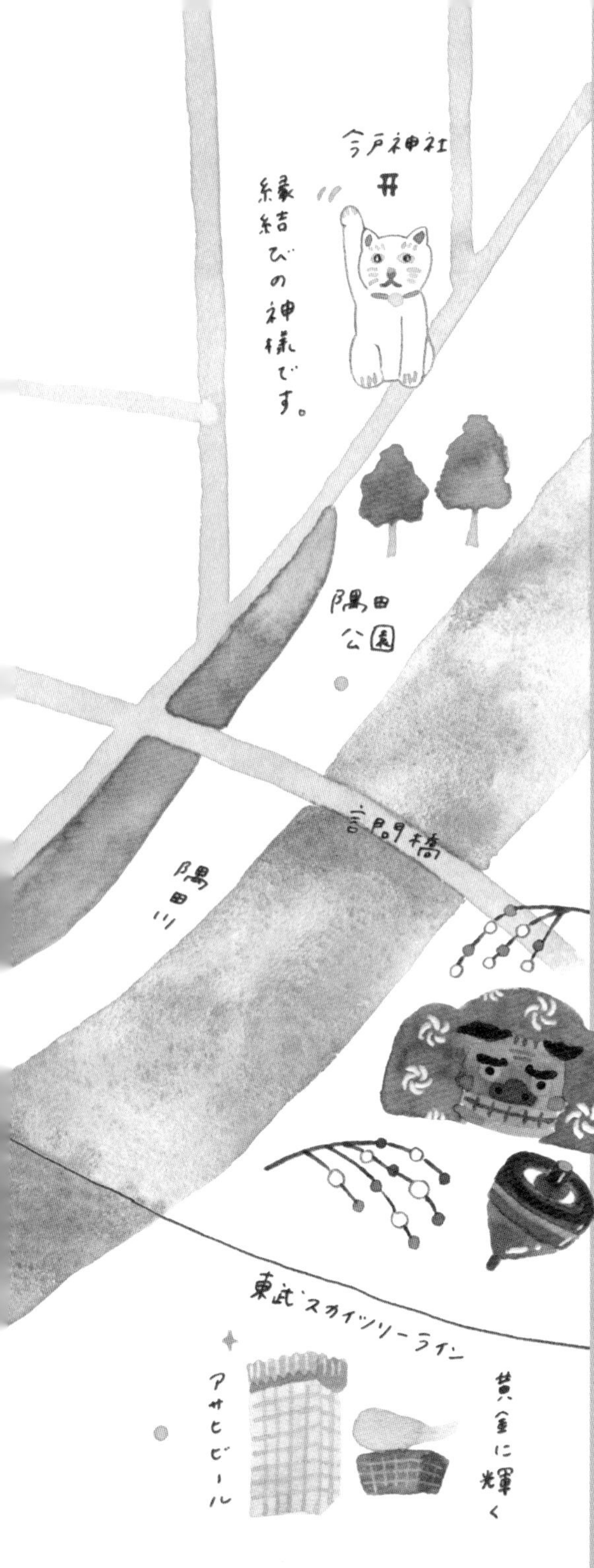
今戸神社
縁結びの神様です。
隅田公園
言問橋
隅田川
東武スカイツリーライン
アサヒビール
黄金に輝く

1
January

初ものづくしお正月さんぽ

浅草

今も昔も人気の街をそぞろ歩き

浅草は江戸情緒を残しながらも、常に進化している国際的な観光地。私にとっては以前働いていた場所でもあり、とても思い入れがあります。メインの観光地はもちろん、あまり観光客が行かない奥浅草と呼ばれる浅草寺の裏側の地域も浅草愛とともにご紹介します！　季節はお正月。賑わう仲見世通りを通って、浅草寺でのお参りからさんぽを始めます。一年の始まりに、初ものづくしとまいりましょう。

ROUTE

START

東京メトロ銀座線、都営地下鉄浅草線、東武スカイツリーライン
浅草駅

❶ 浅草九重
❷ 木村家本店
❸ 浅草寺
❹ 浅草演芸ホール
❺ グリルグランド
❻ 浅草飴細工 アメシン 花川戸店

GOAL

TOTAL　6時間

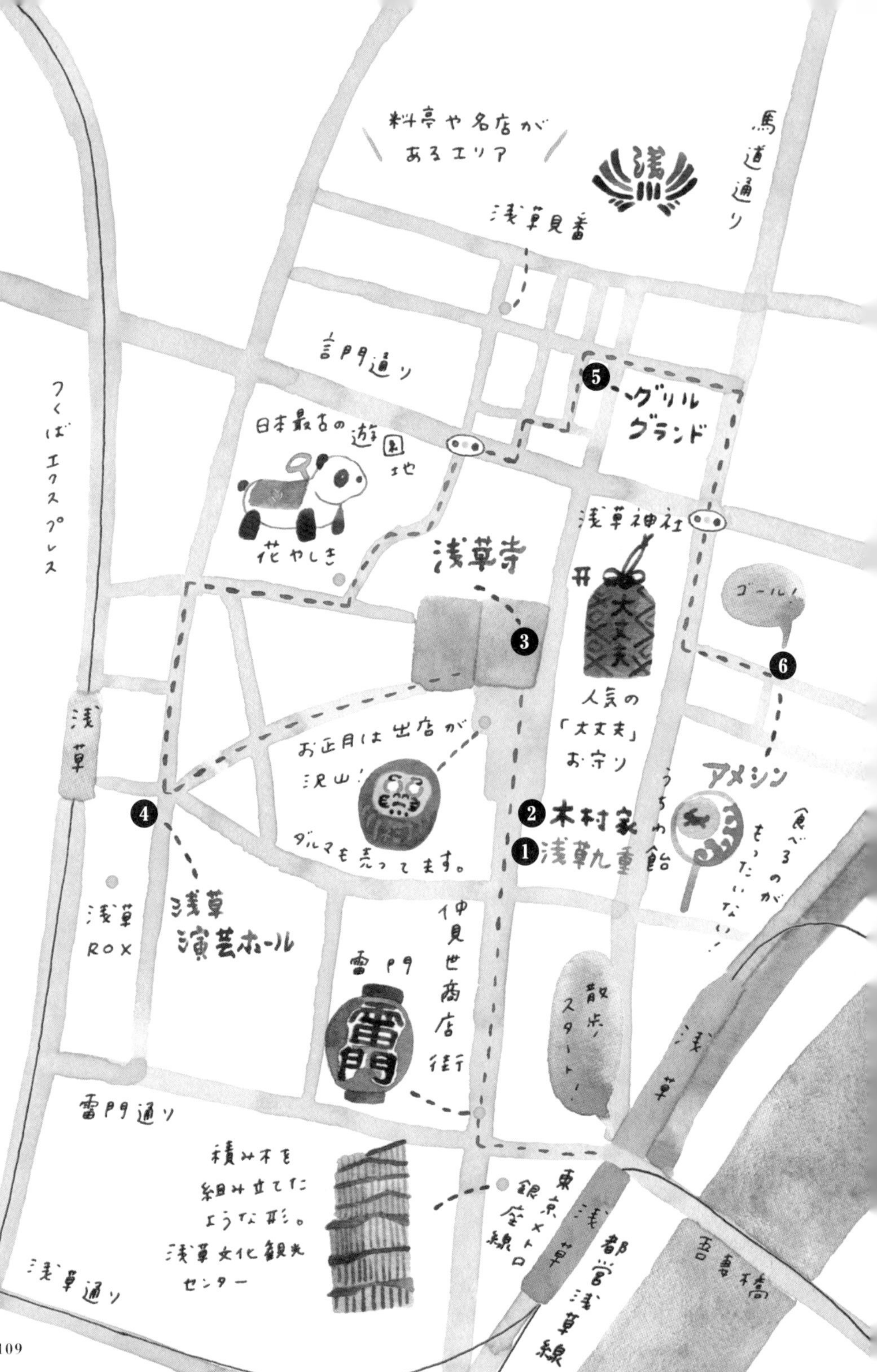
料亭や名店が
あるエリア
浅草見番
馬道通り
言問通り
5 グリルグランド
日本最古の遊園地
花やしき
浅草寺
3
浅草神社
ゴール！
6
人気の「大丈夫」お守り
アメシン
うちわ飴
食べるのがもったいない！
つくばエクスプレス
浅草
お正月は出店が沢山！
ダルマも売ってます。
4
浅草演芸ホール
2 木村家
1 浅草九重
浅草ROX
仲見世商店街
雷門
散歩スタート！
雷門通り
積み木を組み立てたような形。浅草文化観光センター
東京メトロ銀座線
浅草
都営浅草線
吾妻橋
浅草通り

浅草寺

センソウジ

MAP 3

台東区浅草2-3-1　☎03-3842-0181
⏲6:00~17:00、10～3月は6:30～ / 無休

浅草寺で初詣
お願い事は何にしよう

「浅草寺」といえば、雷門。正式名称は「風雷神門」ですが、みんなから雷門と呼ばれていることから、風神さまは居候？なんて話を聞いたことも。大提灯の底には勇ましい龍の彫刻が施されているので、のぞいてみてください。

「仲見世通り」は年末の大晦日からお正月にかけて、多くの参拝客が訪れごった返しています。頭上にはだるまやコマ、干支の絵馬などの正月飾りが掲げられ、晴れやかな気持ちに。手軽に買えるおやつも多く、出来立てほかほかの「浅草九重」の揚げまんじゅうを店頭で頬張ります（食べ歩きはできません）。「木村家本店」の人形焼は、職人さんが焼き上げる様子を見るのも楽しみ。甘さもちょうどよく、鳩や五重の塔などをモチーフにした形がかわいい。よくお土産に利用しています。他にも、雷門の形のキーホルダーや江戸文字の千社札など、「これぞ浅草！」といったお土産を見て回るのもおすすめです。

境内は夜になるとライトアップされ表情が一変します。人通りも少なくなり、趣のある雰囲気の中の参拝も乙なものです。今年も良い年になりますように！

浅草九重

アサクサココノエ

MAP ❶

台東区浅草2-3-1　☏03-3841-9386
🕘9:30~19:00ごろ / 無休

九重のあげまんじゅうが一番好き！

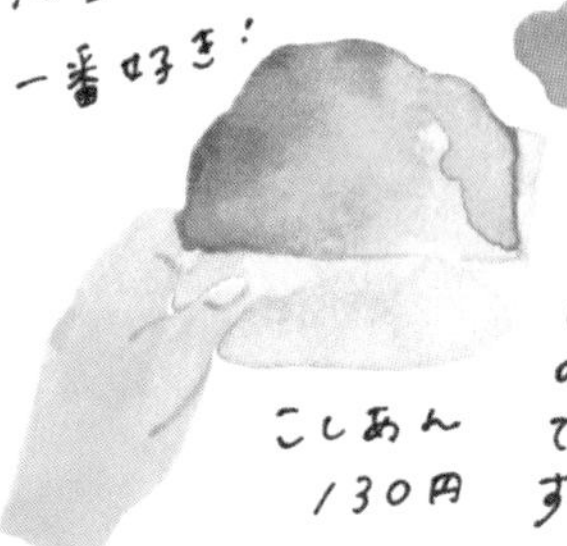

こしあん 130円

皮がかりっとしておいしいのです。

木村家本店

キムラヤホンテン

MAP ❷

台東区浅草2-3-1　☏03-3841-7055
🕘9:00~18:00 / 不定休

浅草土産にぴったり♪

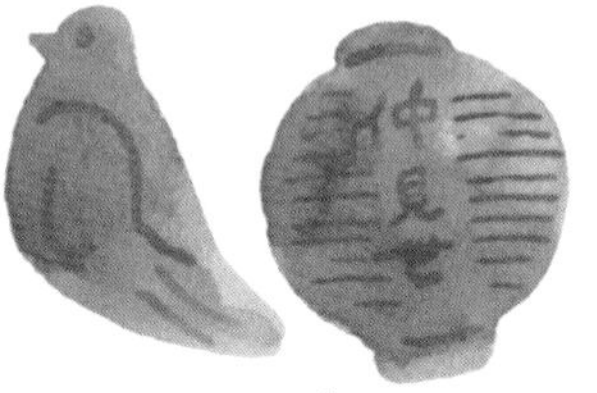

浅草で一番歴史の長い人形焼店。

仲見世シャッター壁画 浅草絵巻

夜の仲見世にも訪れてほしい！シャッターに描かれた絵は幻想的。

新春 お正月飾り

年末から正月にかけて掲げられる飾りは見所のひとつ！

1月の浅草は大にぎわいです。

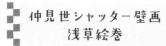

古典落語の「時そば」
そばが本当に見えるようでした…
鯉橋

待ってました！

浅草演芸ホール

MAP ❹

アサクサエンゲイホール

台東区浅草1-43-12　☎03-3841-6545
㋭㋶公演により異なる / 無休

木戸のチケット売場
満員御礼

縁起がいいね
お正月の初笑い

演芸ホールに立ち寄るのも楽しみのひとつ。木戸でチケットを買い、モギリのお兄さんに渡し、ワクワク。席も自由なので、気軽に入れます。幕が上がると、「待ってました！」とお客さんの一声。「そういう人ほどすぐ帰るよ」とすぐさま笑いを誘っていました。どの落語家さんも話が始まると表情が一変。どんどん話に引き込まれ、大笑い。落語の他にもコントあり、曲芸ありで大満足です。

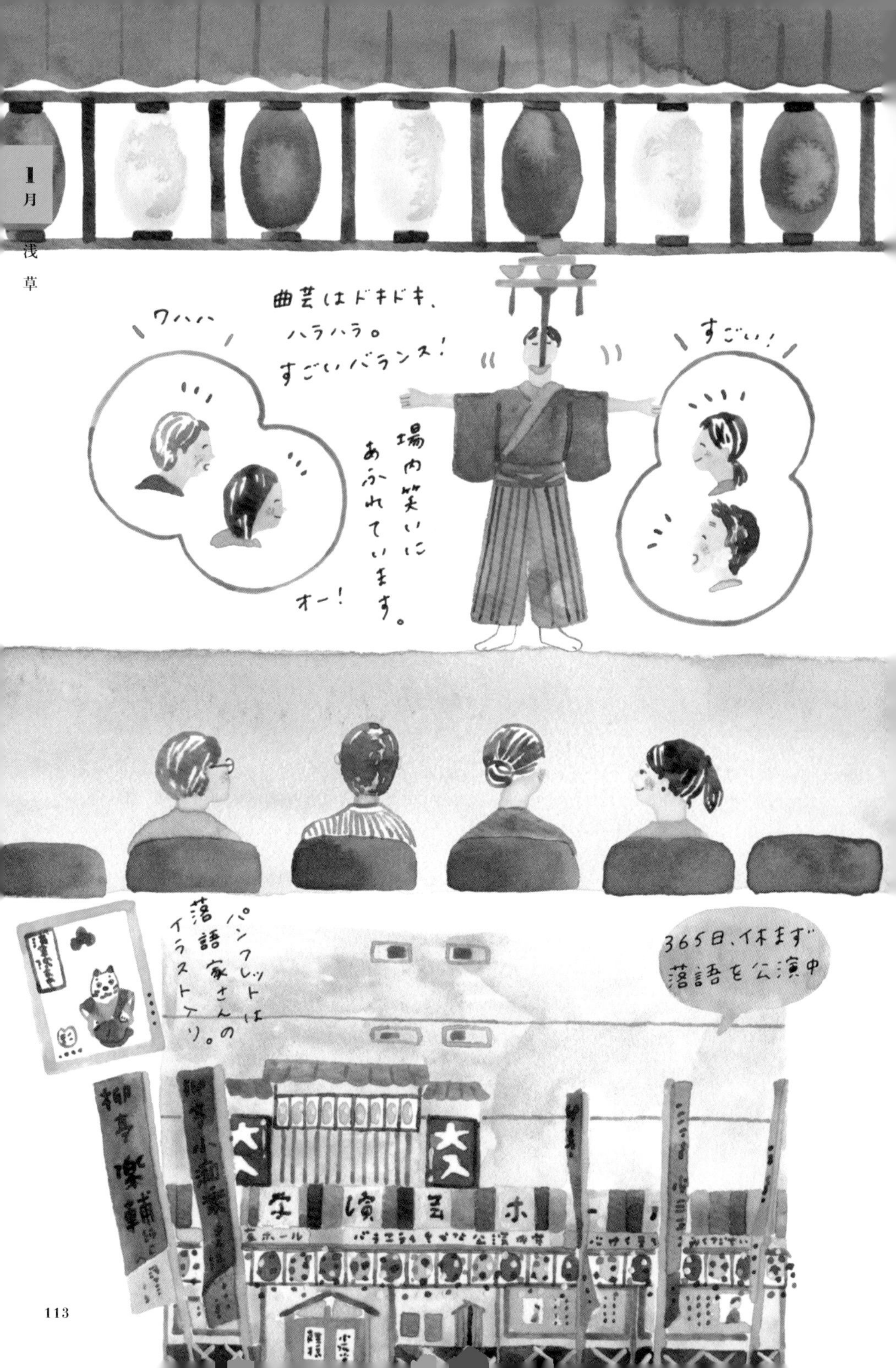
曲芸はドキドキ、
ハラハラ。
すごいバランス！
ワハハ
すごい！
場内笑いにあふれています。
オー！
パンフレットは
落語家さんの
イラスト入り。
365日、休まず
落語を公演中
大入
大入

奥浅草の名店へ

浅草寺の裏手、「奥浅草」と呼ばれる地域はツウな名店ぞろい。

グリルグランド

MAP 5

台東区浅草3-24-6 ☎03-3874-2351
🕓11:30~13:45LO、17:00~20:30LO / 日・月休

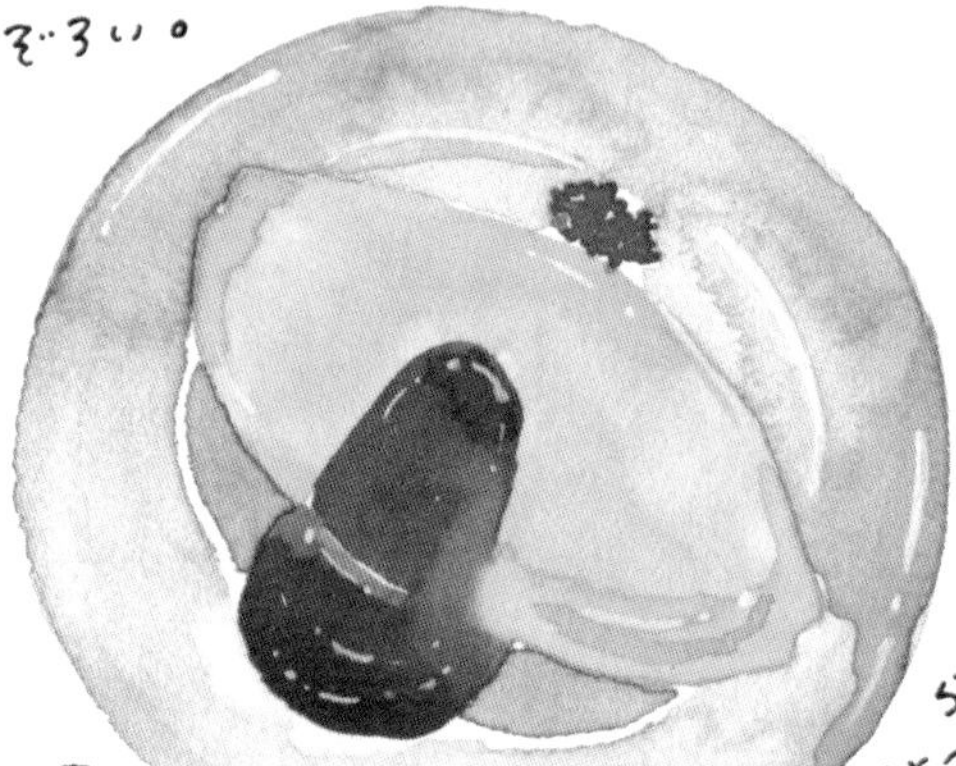

オムライスランチセット 1650円
大・大・大満足の味でした〜！

かっこいいエンブレム

白髪のステキな女将さん

気取らず、下町らしさもある老舗洋食店。人気店で常に満席なのです。

浅草飴細工
アメシン 花川戸店

MAP ❻

アサクサアメザイク　アメシン　ハナカワドテン

台東区花川戸2-9-1 1F
☏080-9373-0644　🕓10:30~18:00 /
木休（臨時休業あり）

飴細工体験に挑戦!
使用するのは和バサミと素手のみ。日本の伝統技術です。

キラーン

飴細工の基本、うさぎを作ります!
職人歴1年目のお兄さん
みんな夢中!
2回練習してもカバになってしまう〜。

店内で展示・販売されている飴細工は芸術です…!

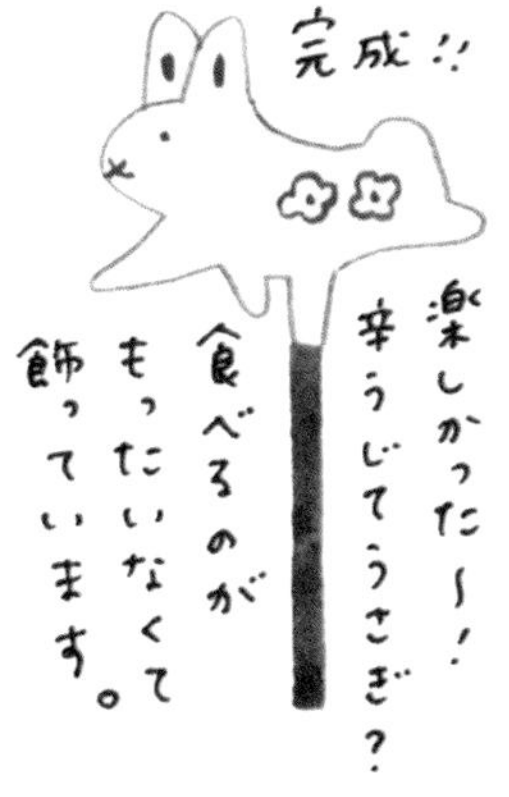
完成!!
楽しかった〜!
辛うじてうさぎ?
食べるのがもったいなくて飾っています。

奥浅草グルメ堪能と伝統の職人技体験

お昼は「グリルグランド」へ。お店がある場所は奥浅草と呼ばれる場所で、料亭などがひしめき合っています。きれいな黄色のオムライスは卵がトロットロ。幸せの味です。最後は「アメシン」で飴細工体験（体験料は大人3100円・所要時間は1時間半~2時間）。飴のかたまりがついた棒をくるくる回しながら、和バサミを使いうさぎの形に。不恰好ながらも、愛らしいうさぎが出来上がりました。

OSANPO SNAP @ ASAKUSA

よく見ると
ちょっと怖い
お顔。

ラムネ貰ったよ〜。

今はなき、
スマートボール
「三松館」。

アメシンの体験教室

犬は上級者向け！

ライトアップされた
五重塔。

テーブルクロスの色がステキ。

グリルグランドの
店内。

お正月の
浅草演芸ホールへGO！

浅草寺には
大提灯が3つあります！

夜の仲見世へ！

浅草らしい「和」見つけた！
顔はめパネル発見。
もちろん撮りました♪

フーッ

浅草寺からすぐそこ、
浅草花月堂の壁に
かざぐるまが
あります。

コラム② お土産スケッチ

さんぽで購入したお土産は誌面に描ききれなかったものも沢山あります。どれもさんぽの思い出がぎゅっと詰まったものばかりです。

ごろっと果肉!

「果房メロンとロマン」

ビンに入ったレアチーズ。

友人のお土産に。
→ P.124

「かまわぬ代官山店」
のマス。おかめと
目が合ってしまい…
ついつい購入。
→ P.131

「MAKANAI
神楽坂本店」
まっすぐなせっけん。
みずみずしいレモンの
香りに癒されます。
→ P.123

後でビー玉取り出そう。

「高尾山」
こけしラムネ。
登山の日はこけし祭りが開催中。キュートな
見た目にやられました。
→ P.70

「資生堂パーラー
銀座本店ショップ」
チーズケーキは
私の定番土産。
濃厚でとても
おいしい。
→ P.98

プライスレス

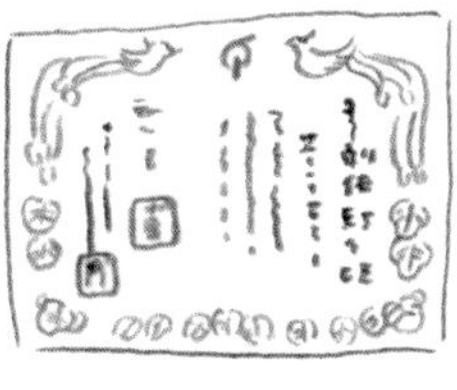

「印章会館」
石印彫刻体験
修了証。
賞状を貰うのは
何年ぶりだろう?!
嬉しいお土産となりました。
→ P.79

サトミ金属
会社
繁昌
光グループ
株式
会社
商売
繁昌
トモナ建設
大和工業
貞

浅草ひさご通り
浅草ひさご通商店街
火災予防運動実施中
おいしいブタはいかがですか
車両通行止
オイル

2
February

西へ東へ路地裏さんぽ

神楽坂

路地に迷い込んで横丁探検

神楽坂に降り立つと、どこの街とも違う、凛とした空気を感じました。それは大正時代に花街として栄え、芸者さんが行き交う華やかな街だったからかもしれません。坂の途中にある細い横道を入っていくと、当時の面影を残した石畳が続きます。お寺や神社もあり、また、どこか親しみのある下町の雰囲気も残っています。あえて道をそれて行ったり来たり。探検気分でさんぽしてきました。

ROUTE

START

東京メトロ有楽町線・東西線・南北線、
都営地下鉄大江戸線
飯田橋駅

❶ うどん会席 別亭 鳥茶屋
❷ La Ronde d'Argile
❸ 果房 メロンとロマン
❹ MAKANAI 神楽坂本店
❺ ATELIER KOHTA
❻ ACHO
❼ AKOMEYA TOKYO in la kagū

GOAL

TOTAL 3時間30分

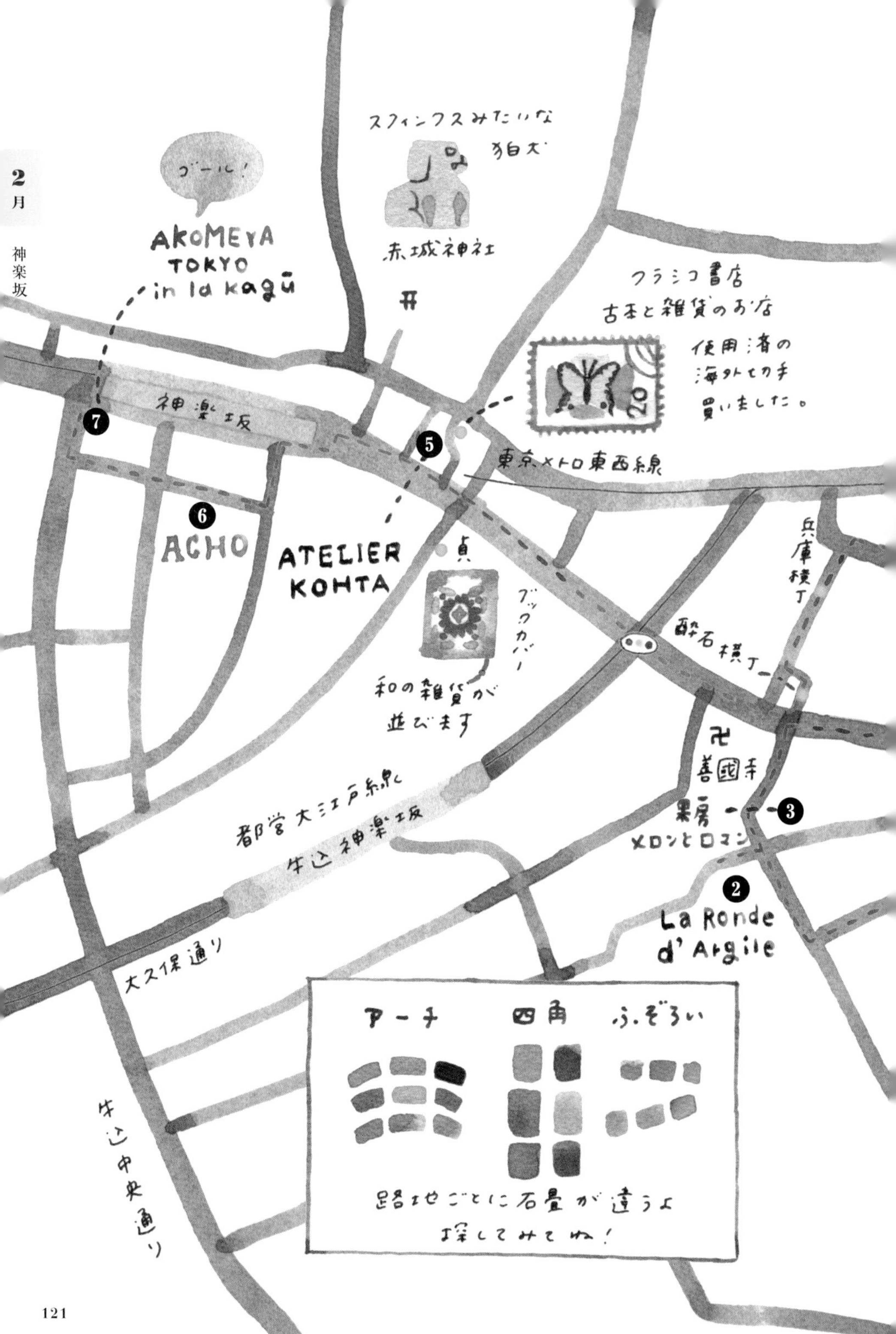
ゴール！
AKOMEYA TOKYO in la kagū
7
スフィンクスみたいな狛犬
赤城神社
フラシコ書店
古本と雑貨のお店
使用済の海外切手買いました。
神楽坂
5
東京メトロ東西線
6
ACHO
ATELIER KOHTA
ブックカバー
和の雑貨が並びます
兵庫横丁
酔石横丁
善國寺
果房 メロンとロマン
3
2
La Ronde d' Argile
都営大江戸線
牛込神楽坂
大久保通り
牛込中央通り
アーチ
四角
ふぞろい
路地ごとに石畳が違うよ
探してみてね！

見番横町の階段

店員さんは皆着物。
思わず見惚れます…

うどん会席 別亭 鳥茶屋 MAP ❶

ウドンカイセキ ベッテイ トリヂャヤ

新宿区神楽坂3-6　☏03-3260-6661
Ⓛ11:30~14:30 (LO14:00)、17:00~22:30 (LO21:30)、土~15:00 (LO14:30)、16:30~、日・祝~15:00 (LO14:30)、16:30~22:00 (LO21:00) / 無休

賑やかな早稲田通りから見番横丁へ。
横丁にある階段を下りると情緒
ある会席料理のお店が見えてきます。

路地に迷い込んであちらこちらへ

あたたかみのあるランプ

La Ronde d'Argile

ラ・ロンダジル

MAP ❷

新宿区若宮町11 1F　☏03-3260-6801
🕓11:30~18:30、祝~18:00 / 日・月休

洗練されたうつわ屋さん。

佇まいに惹かれて
吸い寄せられるように
入ってしまいました。

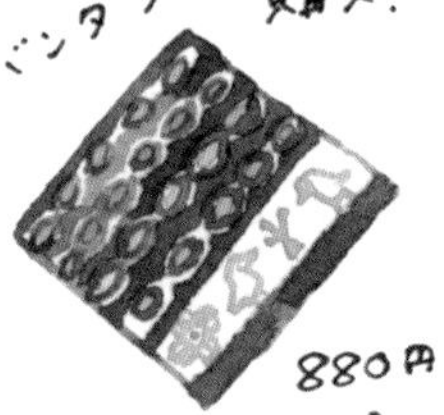
バンダナ　購入!
880円

人の温かさに触れる素敵なお店

路地を歩いていると、丸くくり抜かれた窓が印象的なお店を見つけました。「La Ronde d'Argile」は作家もののうつわなどを扱うお店。うつわ好きとしてはたまりません！全てに夢中になり、つい長居をしてしまいました。「MAKANAI」は神楽坂が本店。優しい香りに包まれながら、かわいい店員さんの丁寧な接客に、心が和みました。

MAKANAI 神楽坂本店

マカナイ カグラザカホンテン

MAP ❹

新宿区神楽坂3-1　☏03-3235-7663
🕓10:30~20:00、日・祝11:00~19:00 / 不定休

まかないこすめ

一度訪れたかった、
肌に優しい和コスメの本店です。

店内はいい香りでした!

お肌
ツルツルになります。

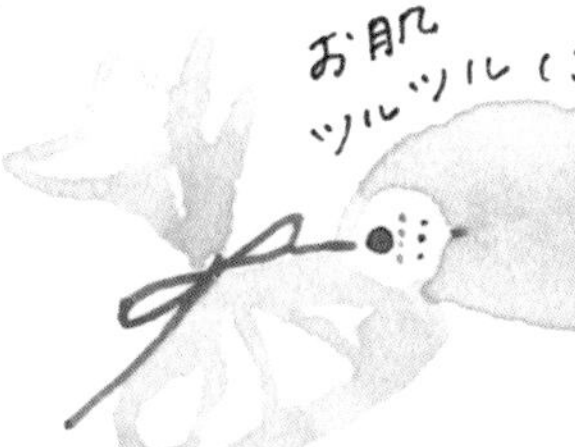
凍りこんにゃく
スポンジ1100円

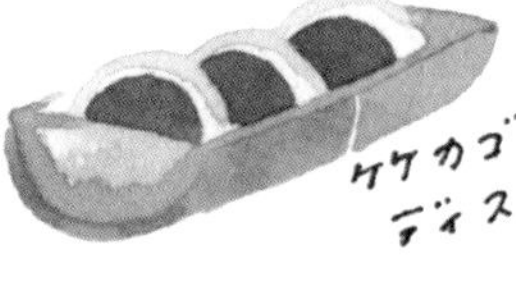
竹カゴの
ディスプレイ

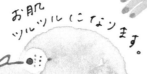

果房 メロンとロマン

カボウメロントロマン

MAP ❸

新宿区神楽坂3-6-92　☏03-6280-7020
⏲11:30~17:30 / 月・火休

まさにメロン天国。
メロン専門の工房があると
教えて貰い、
絶対行こう!
とやって参りました。

内装や家具も
かわいらしい
1Fはテイクアウト
2Fはカフェになってます。

メロンジェラートフラッペ 935円
メロンジュレが入っていて
お、おいしい〜〜。

グラスも緑色よ

メロンコースタ、
タカミ
網目あり 表皮 深緑果肉黄緑
やや縦長な形で細い網目
しっかりとした食感で、
糖度が高く、さわやかな甘み
果房 メロンとロマン

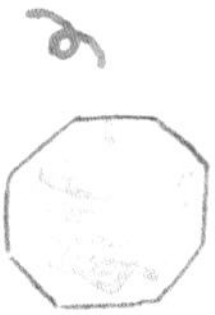

裏はメロンの網目。

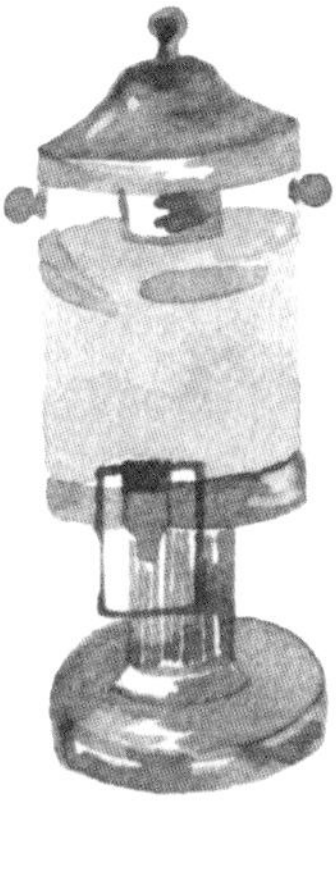

店内には無料のメロンウォーターも。

甘い誘惑
乙女なスポット

歩き疲れたら、甘いものを求めてひと休み。「メロンとロマン」は日本初メロン専門店。まず目を引くのが敷き詰められた緑色のタイル！ そして驚いたのは、メロンの種類と特徴が詳しく書かれ、裏には網目まで再現されたコースター。随所にこだわりとメロンへの愛を感じます。メロンジェラートフラッペ果肉感たっぷりでメロンをまるごといただいているよう。贅沢な気持ちにさせてくれます。

AKOMEYA TOKYO in la kagū

MAP 7

アコメヤ トウキョウ イン ラカグ

新宿区矢来町67　☎03-5946-8241
⏰11:00~20:30 / 無休

どの商品もおいしそうで悩んでしまいます。

店員で友人のRさんにオススメ商品を教えて貰いました！
おいしいよ！
ごはんのお供に♪おすそわけにも。
きのこの食感がいい！
食べるラー油きのこ
サクサクしょう油アーモンド
プレゼントでいただきました♡
食べるラー油きのこ 486円
サクサクしょう油アーモンド
アコメヤ食堂が併設。ドリンクのテイクアウトもできますよ！
AKOMEYA TOKYO
抹茶オレ 540円
日本の暮らし・文化・衣食住がぎゅっとつまったお店。私も大好きです。

ACHO
アチョ

MAP 6

新宿区矢来町103　☎03-3269-8933
🕓11:00~19:00、日・祝~18:30 / 火、第3水休

ATELIER KOHTA
アトリエ コータ

MAP 5

新宿区神楽坂6-25　☎03-5227-4037
🕓テイクアウト11:00~19:00 / 無休

神楽坂でバレンタインチョコをお土産に
チョコプリン
大人のブランデー
ブランデウェイン
486円
ORIGINAL MADE
Chocolate Bar
チョコバー冬限定です。
手土産におすすめこだわりプリンのお店。プリン好きとしてはずせません!
ラズベリーの酸味がおいしい!
「クラシックショコラ」
515円
「オペラジャパン」
540円
カウンターデザートが有名なお店ですが、テイクアウトケーキも人気です。

バレンタインのチョコスイーツ探し

神楽坂にはおいしいスイーツのお店も沢山。バレンタインにぴったりなチョコスイーツを探しに出かけます。まずはパティシエが目の前でデザートを作ってくれるお店「ATELIER KOHTA」へ。ショーケースに美しくディスプレイされた、艶やかで上品なチョコレートケーキを購入しました。神楽坂駅の裏手にある「ACHO」は住宅街にひっそりと佇む、プリンと焼き菓子のお店。店内に漂う焼き菓子の甘い匂いに幸せな気分です。イチオシはチョコレート味のプリン。その街にしかないものを見つけ、相手のことを考えながらプレゼントを選ぶのは楽しいもの。送る側の自分まで嬉しい気持ちにさせてくれます。

OSANPO SNAP @ KAGURAZAKA

ACHOの外観。
オリーブの木が
似合う。

黒かべが石畳と良く合う。

料亭や旅館が並ぶ
兵庫横丁。

横丁では石畳を
探して、下を向いて
歩きました。

出会ったネコに
にらまれちゃった。
トホホ…

かっこいい
配色。

ゆるい
イラスト、
ツボです。

神楽坂 かわいい
看板選手権！

＼私的NO.1はこちら／

後で調べ
てみると、バー
だそう。

何の実
かなあ。

クラシコ書店。
居心地良い
古本屋です。

気になったお店、
「トキオカ」。雰囲気の
いい外観です…

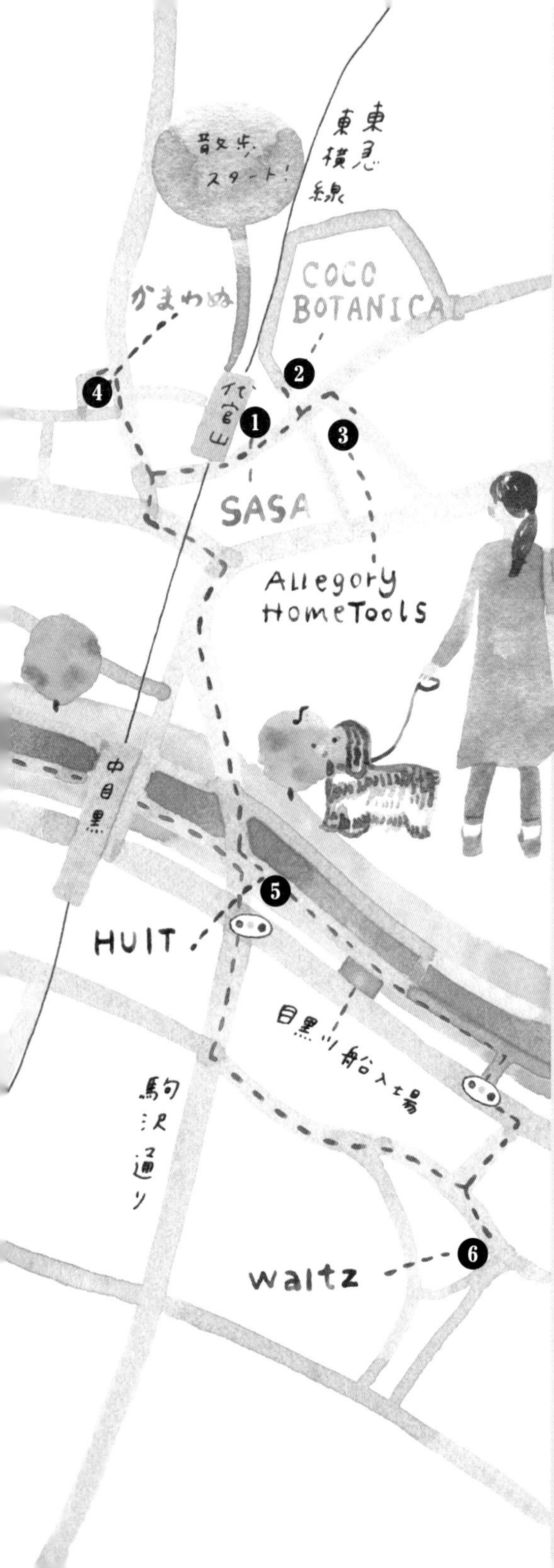

3

March

桜の名所でお花見さんぽ

代官山・中目黒

桜の季節、思い出とともに

代官山・中目黒は上京したての頃、憧れのお店の地図を握り締めて、背伸びをしながらよく訪れていました。おしゃれなお店に緊張し、期待と不安が入り交じり、なかなか店内に入れずにいたことを思い出します。そんな日々を懐かしみながら、代官山から目黒川沿いへお花見さんぽに出発です。

ROUTE

START

東急東横線 代官山駅

❶ GRILL BURGER CLUB SASA
❷ COCO BOTANICAL arrangement
❸ Allegory HomeTools
❹ かまわぬ代官山店
❺ HUIT nakameguro
❻ waltz
❼ JOHANN
❽ TRAVELER'S FACTORY
❾ ROOTS to BRANCHES
❿ SIDEWALK STAND BAISEN & BAGEL

GOAL

TOTAL 4時間30分

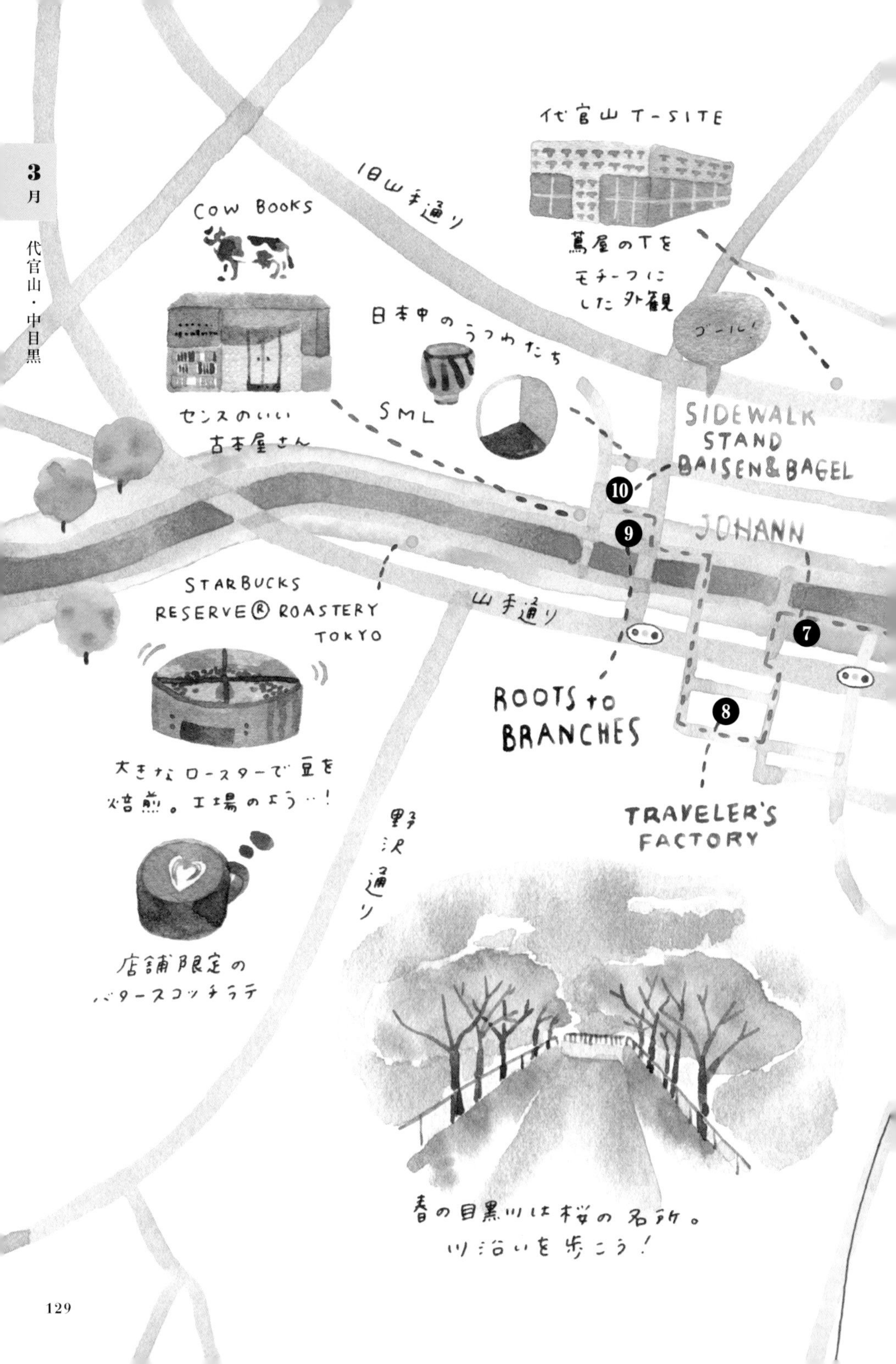
代官山 T-SITE
蔦屋のTをモチーフにした外観
旧山手通り
COW BOOKS
センスのいい古本屋さん
日本中のうつわたち
SML
ゴール！
SIDEWALK STAND BAISEN&BAGEL
10
9
JOHANN
7
8
山手通り
STARBUCKS RESERVE® ROASTERY TOKYO
大きなロースターで豆を焙煎。工場のよう…！
ROOTS to BRANCHES
TRAVELER'S FACTORY
野沢通り
店舗限定のバタースコッチラテ
春の目黒川は桜の名所。川沿いを歩こう！

駅を出てすぐのところにある
SASAは長年行きたい
と思っていた場所。
さんぽの前に腹ごしらえ
です。

GRILL BURGER CLUB SASA

MAP 1

グリルバーガー クラブ ササ

渋谷区恵比寿西2-21-15 ☎03-3770-1951
🕓11:00~21:30LO（ランチ11:00~16:00）、
土・日・祝~20:30LO ※売り切れ次第閉店／
第1・3火休

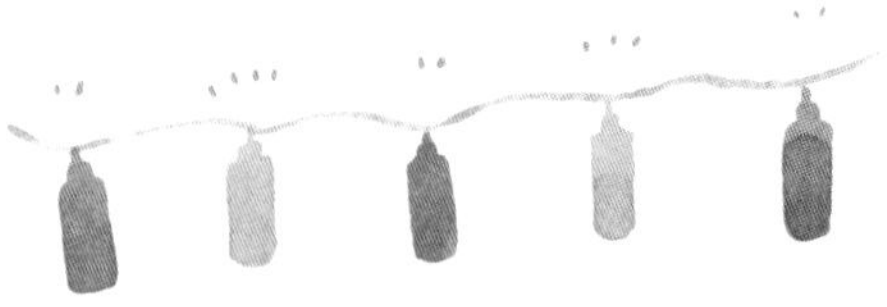
すごくツボだったマスタード
とケチャップのライト！

アメリカの少年のような店員さん。

ドリンクはLサイズくらいあるのがうれしいです
チーズバーガー Sサイズ 1200円
肉汁までうまーい！
ランチタイムはドリンク付き。

春の陽気に包まれておしゃれな代官山へ

まずは「GRILL BURGER CLUB SASA」でランチ。何年も前から行きたいと思っていたお店に、ついに行ってきました！ 大きな口で頬張るハンバーガーは、肉汁が滴り落ちるほどジューシー。添えてあるピクルスも肉厚で、箸休めにはちょうどいい酸味です。お腹も満たされたところで、春にぴったりな雑貨を探しに、のんびりと代官山の街へと向かいます。

がぶっと
かぶりつけ！

COCO BOTANICAL arrangement

MAP ❷

ココ ボタニカル アレンジメント

渋谷区恵比寿西2-20-14 2F
☎非公開　🕓12:00~19:00 / 不定休

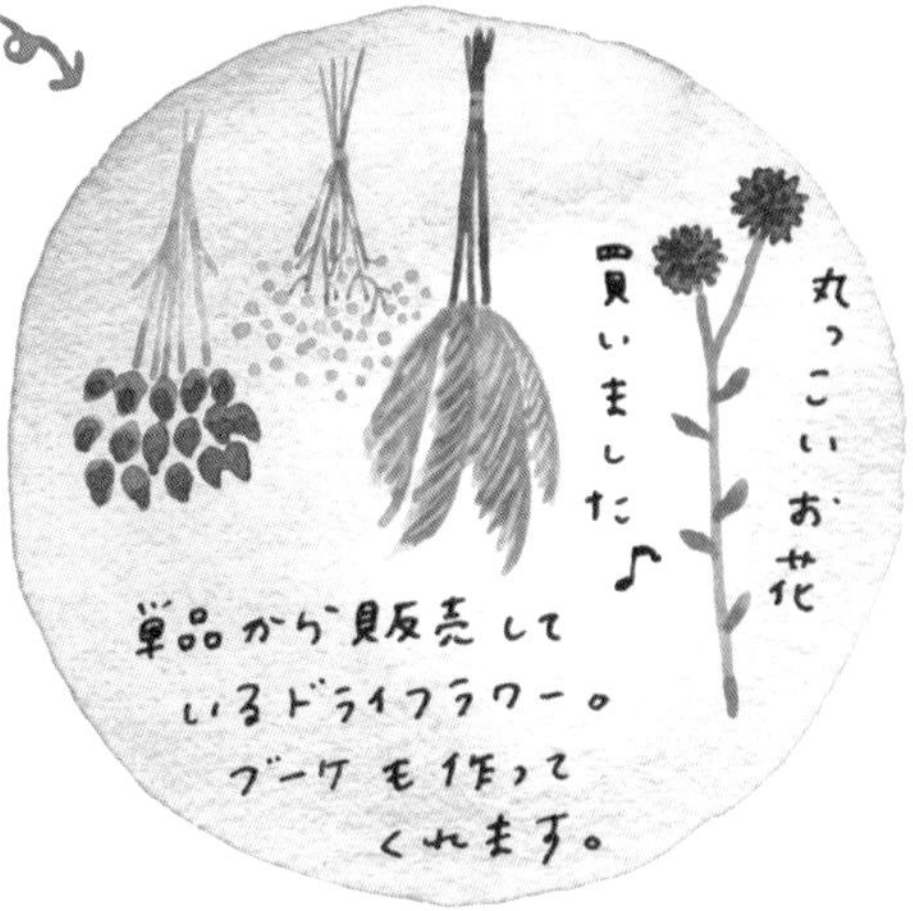
丸っこいお花
買いました♪
単品から販売しているドライフラワー。ブーケも作ってくれます。

SASAで大きなドライフラワーの花束を持った方がいて、発見したお店です。

Allegory HomeTools

MAP ❸

アレゴリーホームツールズ

渋谷区恵比寿西1-32-29-102
☎03-3496-1516　🕓12:00~19:00 / 無休

ディスプレイ目の保養です＊。

日常に寄り添ってくれるテーブルウェアを探すならココ！

何年も前に購入した鳥の花瓶

かまわぬ代官山店

MAP ❹

カマワヌダイカンヤマテン

渋谷区猿楽町23-1　☎03-3780-0182
🕓11:00~19:00 / 無休

代官山のかまわぬに行くのは初めて。季節のてぬぐいやディスプレイがステキで行くと何かしら買ってしまいます！

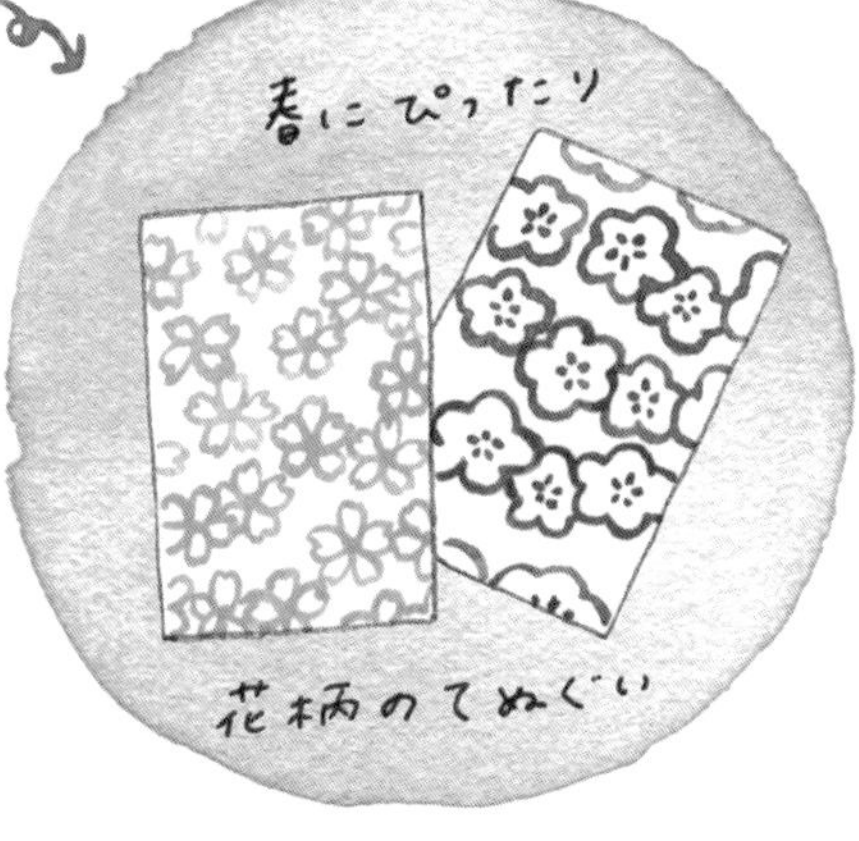
春にぴったり
花柄のてぬぐい

HUIT nakameguro

MAP ❺

ユイット ナカメグロ

目黒区中目黒1-10-23 1F
☏03-3760-8898 ◷11:30~24:00 / 無休

窓から見える川沿いの
雰囲気がとても良い
ビストロ。

お花見にも
最高のロケーションです。

バニラアイスとエスプレッソの
アフォガード ほろ苦くて
600円 おいしい…

桜を愛でながら目黒川沿いを歩く

目黒川沿いは都内でも有数の桜の名所。約800本の桜の木が川を覆いつくすように咲き誇るさまは美しく、大勢の人がお花見に訪れます。中目黒駅近くのビストロ「HUIT nakameguro」では大きな窓から桜を眺めることができ、窓越しに見える景色は絵画のようです。おしゃれな雑貨店が多い川沿いには、中目黒にしかない個性的な専門店も新しくオープンしていて、知っているとちょっぴり中目黒通かも？「waltz」は今また再燃しているカセットテープの専門店。知らないアーティストの発掘に夢中になってしまいました。どのお店も楽しくて、なかなかさんぽも進みません(笑)。

waltz
ワルツ

MAP 6

目黒区中目黒4-15-5　☎03-5734-1017
🕓13:00~20:00 / 月休

住宅街にひっそりとあるカセットテープ専門店。アナログのかっこ良さを再確認できるお店です。

気になったカナダのアーティストも
ジャケ買いするのも楽しそう！

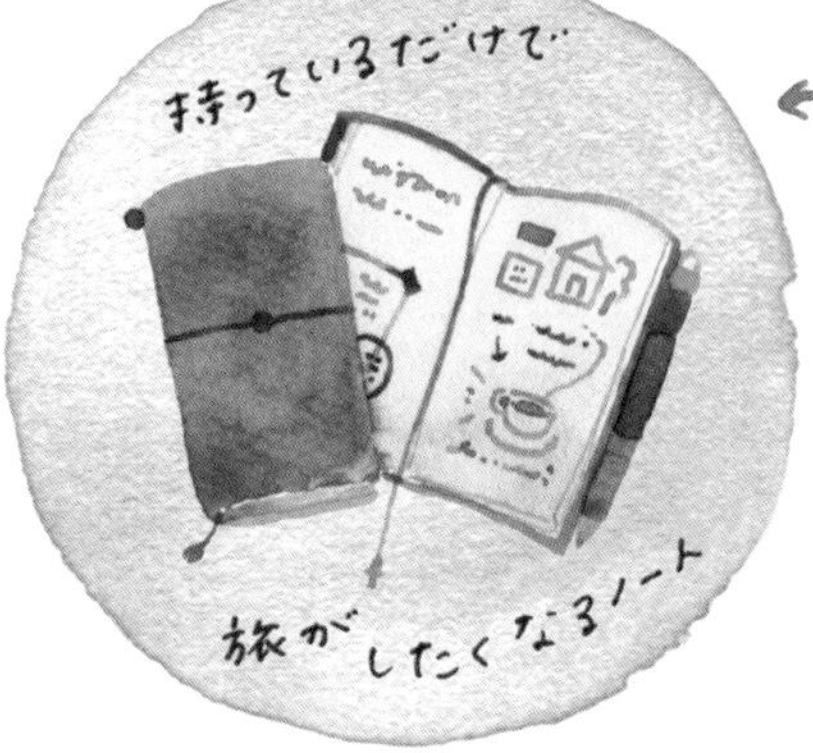
持っているだけで
旅がしたくなるノート

TRAVELER'S FACTORY
トラベラーズ ファクトリー

MAP 8

目黒区上目黒3-13-10　☎03-6412-7830
🕓12:00~20:00 / 火休

日本に旅行に訪れる、海外の方がこちらのトラベラーズノートを購入しに来るそう！

ROOTS to BRANCHES
ルーツ トゥ ブランチズ

MAP 9

目黒区青葉台 1-16-7 2F
☎03-5728-5690　🕓12:00~20:00 / 無休

おしゃれで入るとドキドキ。背伸びして行きたいセレクトショップ。

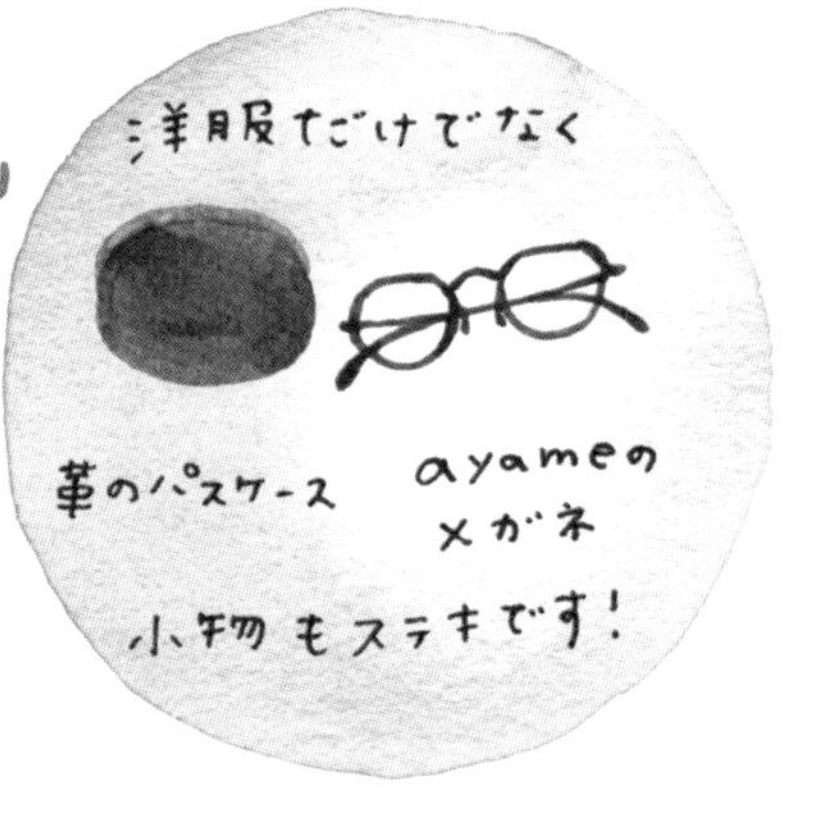
洋服だけでなく
革のパスケース
ayameのメガネ
小物もステキです！

花より団子な
お楽しみも

お花見もいいけれど、お団子もなくっちゃね！　ということで、パンやスイーツのお店にも立ち寄りましょう。「SIDEWALK STAND BAISEN & BAGEL」はコーヒーと、生地がもちもちのベーグルのお店。窓を覗くとちょうど焙煎機でコーヒー豆を挽いているところでした。テイクアウトして、川沿いのベンチで食べるのも良さそう。お土産には、「JOHANN」のチーズケーキを。種類は4種類あり、甘さは控えめで素材本来のおいしさを味わえます。こんなお店が近くにあったらなあ……としみじみ。上京したては背伸びしていた私も、今では代官山・中目黒のおしゃれな街をのんびりとさんぽするようになりました。

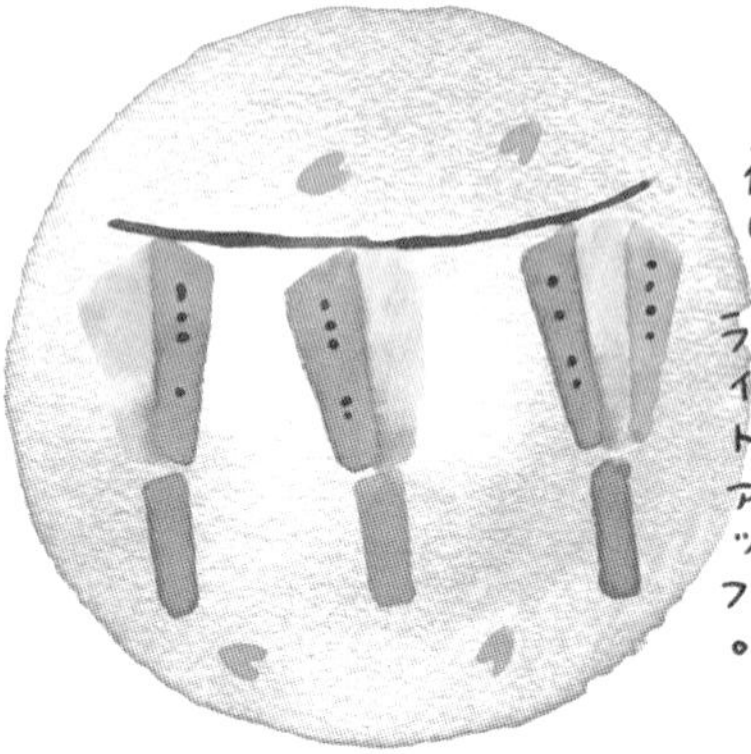

夜になるとぼんぼりがライトアップ。

目黒川沿いにあるベンチで、桜を見ながらひといき。

JOHANN

ヨハン

MAP 7

目黒区上目黒1-18-15　☎03-3793-3503
🕓10:00~18:30 / 無休

目黒川沿いにあるチーズケーキ専門店。海外の方も購入されてました！

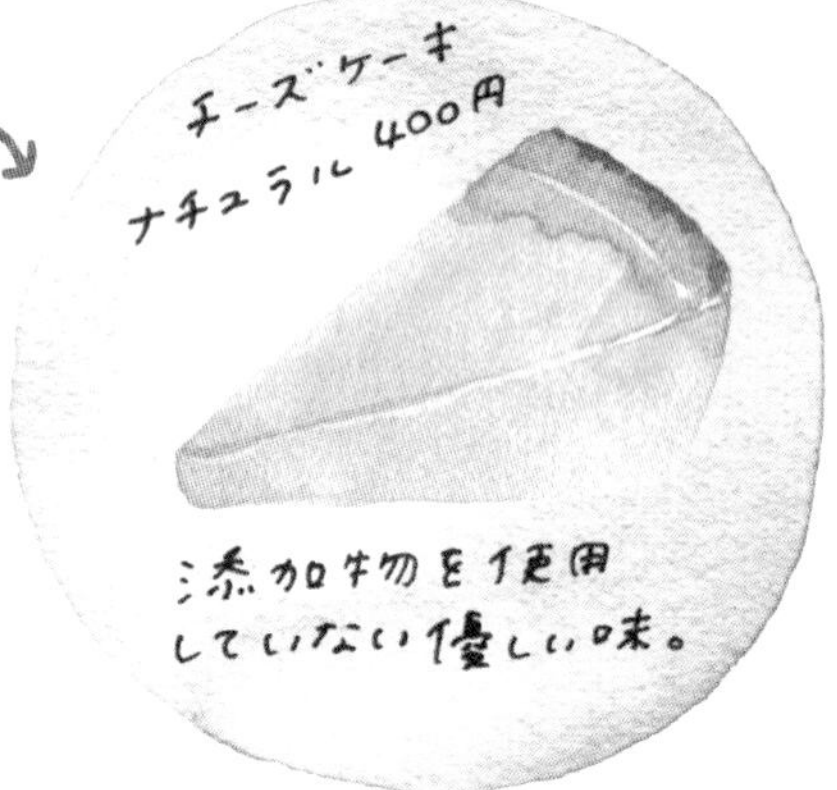

チーズケーキ
ナチュラル 400円
添加物を使用していない優しい味。

SIDEWALK STAND BAISEN & BAGEL

サイドウォークスタンド
バイセン アンド ベーグル

MAP 10

目黒区青葉台1-15-9　☎03-6277-5714
🕓9:00~19:00 / 無休

おしゃれな友人に教えてもらった、穴場のベーグル屋さんです。

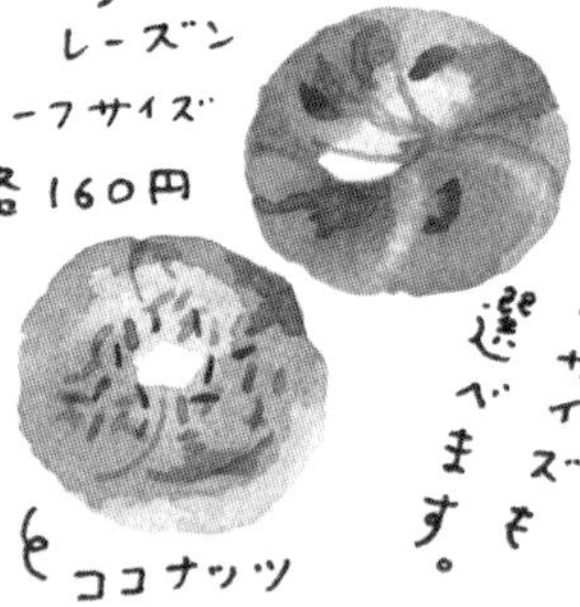

シナモン&レーズン
ハーフサイズ
各160円
とココナッツ
フルサイズを選べます。
甘すぎずもっちり！

OSANPO SNAP @ DAIKANYAMA, NAKAMEGURO

おしゃれな外観
コレクション☆☆

なんと！

ゴップが壁に
埋まってる！

スイカを食べる女の子＊＊

グラフィティをいろいろな所
で見かけます。リトル
トーキョー！

waltzに
行く途中で
発見！

代官山駅の東口に
あるお店の靴のディスプレイ。GO GO

COCO BOTANICALの
かわいいイラスト。

JOHANNの
丸い看板、
ロゴもステキ
でした。

ガードレール下の
壁一面が
アート作品に！

キレイな
グリーンの壁
が目を引き
ます。

Allegory
Home Toolsの
ドアには
ブックが並んで
いました。

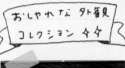

SEASONAL TRIP 4.

SPRING

《春の遠足》

ぽかぽかおさんぽ日和

都電荒川線で途中下車の旅

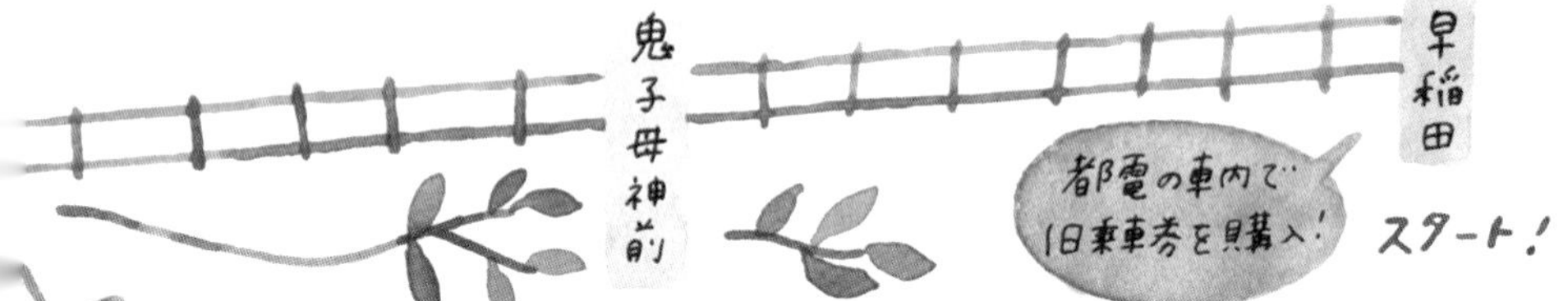
鬼子母神前
早稲田
都電の車内で旧乗車券を購入！
スタート！

この日はちょうど鬼子母神堂で
手創り市を開催。
どんな物や人と出会えるか
わくわくしながらやってきました！
ホッホー
フクロウの形のクッキー買いました♡

SPOT 1) 雑司ヶ谷手創り市

ゾウシガヤテヅクリイチ　豊島区雑司が谷3-15-20
鬼子母神堂　http://www.tezukuriichi.com/

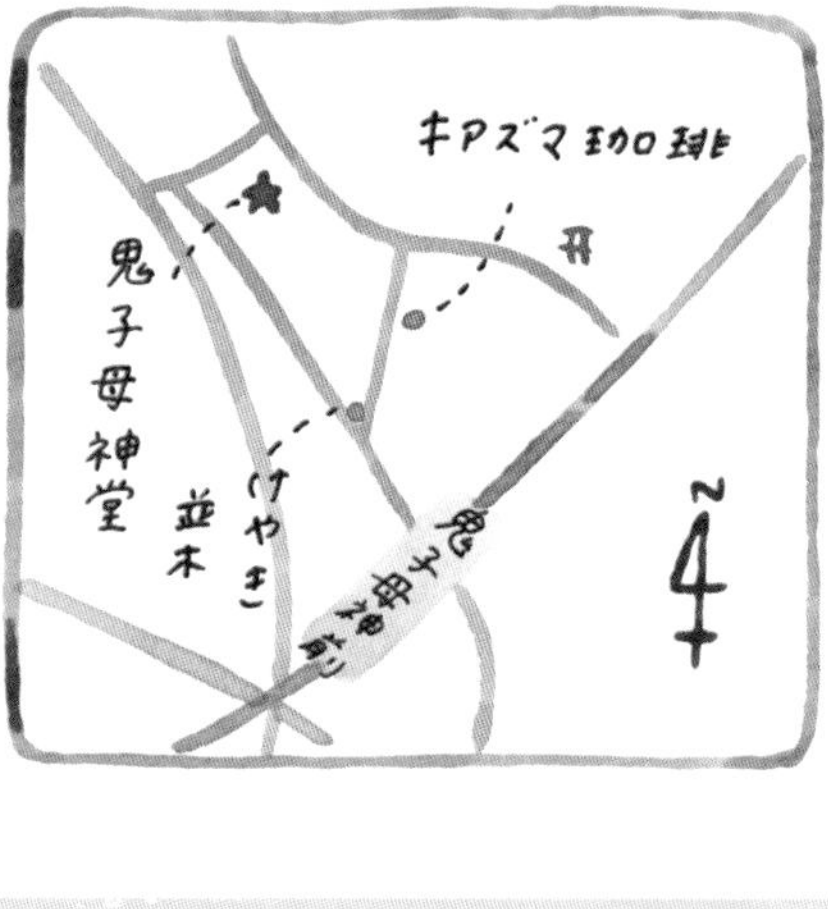
キアズマ珈琲
鬼子母神堂
けやき並木
鬼子母神前
N

30. March

都電荒川線の愛称は東京さくらトラムで、春の遠足にぴったりな名前。線路沿いにはバラや桜が咲きほこり、花めぐりにもぴったりです。次はどの色の車両がやってくるかな？と電車を待っている間も胸が弾みます。一日乗車券を購入して、車窓の景色を眺めながら気の向くままに途中下車。初めて降りる停留場での、素敵な発見や出会いにわくわくします。

SPOT 2) とげぬき地蔵尊 高岩寺

トゲヌキジゾウソン コウガンジ　豊島区巣鴨3-35-2
☎03-3917-8221　🕓6:00～17:00、縁日は～20:00 / 無休

とげぬき地蔵で知られる高岩寺。若者からお年寄りまで沢山の人がお参りに来ていました。

ご利益のある御影。お守りにいかがですか。

高岩寺山門には提灯が掲げられています。

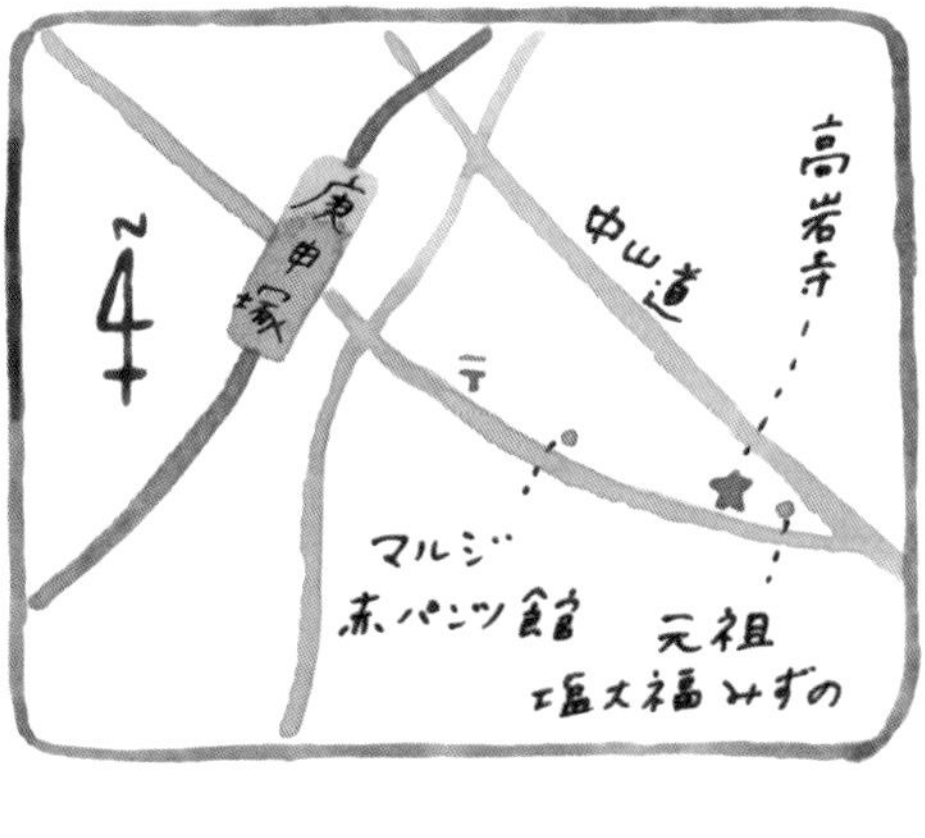

商店街にはかわいいお地蔵さまが。

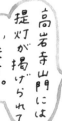

手仕事の案内サイン

銀座四丁目
銀座二丁目
銀座七丁目
築地
築地二丁目

SPOT 3) 都電おもいで広場

トデンオモイデヒロバ　荒川区西尾久8-33-7
☎03-3893-7451　🕓10:00~16:00 / 月~金休

車窓から電車が見えて、
途中下車。全盛期に活躍した
車両の中に入ることができます。

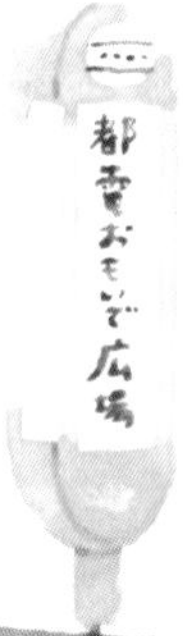
都電おもいで広場

7504
荒川車庫前

ガタン

ゴトン

線路は続くよ
どこまでも♪

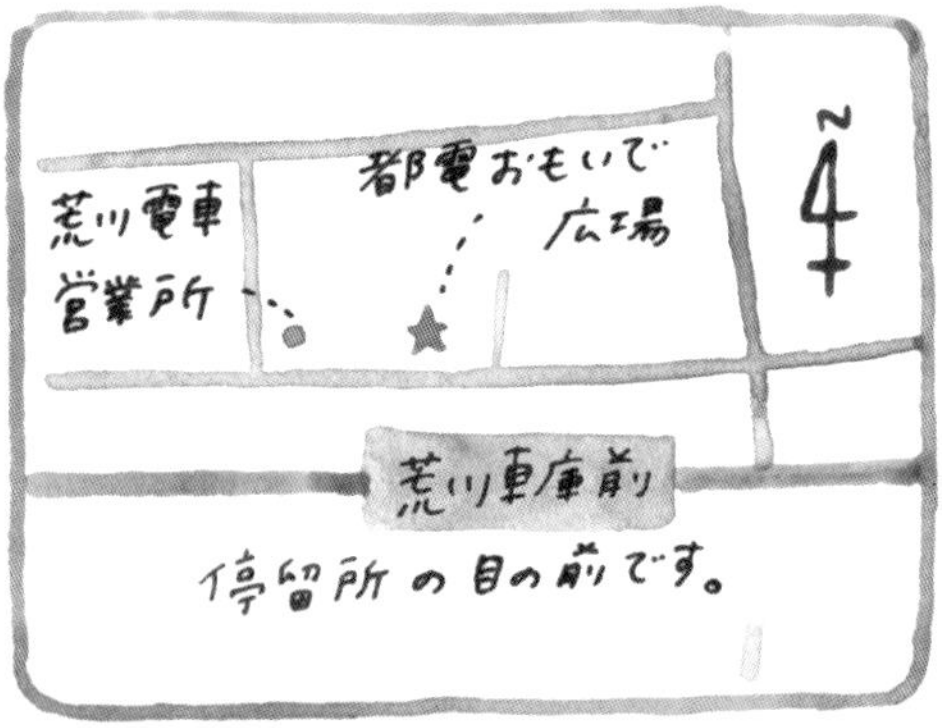
都電おもいで広場
荒川電車営業所
N
荒川車庫前
停留所の目の前です。

春は桜、初夏は
バラが咲いています

銀　座
5501
1

都電荒川線
マスコットキャラクターの
「とあらん」

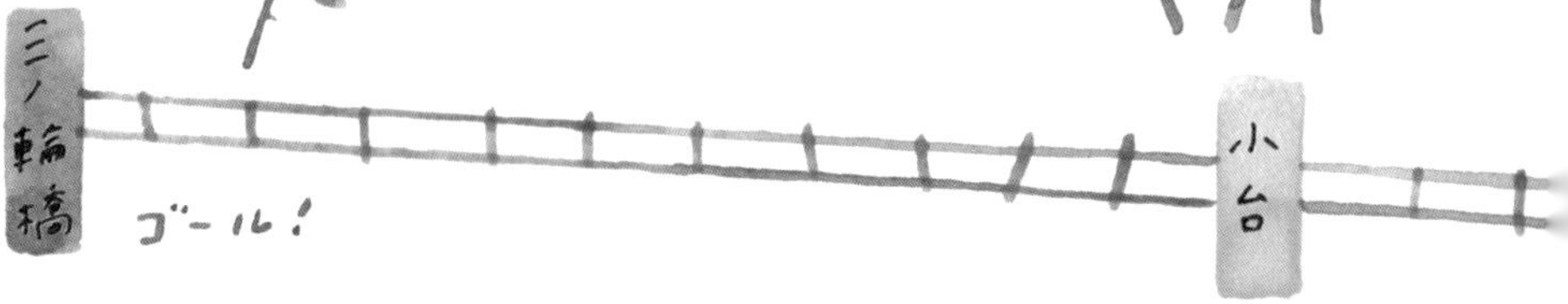
三ノ輪橋
ゴール!
小台

SPOT 4)　梅の湯

ウメノユ　荒川区西尾久4-13-2　☎03-3893-1695
🕒15:00~翌1:00　※日曜のみ朝風呂 (8:00~12:00) もあり / 月休　¥大人470円

かわいらしいのれん!

無料のシャンプー、
ドライヤーが揃って
おり有料のアメニティー
グッズも充実!

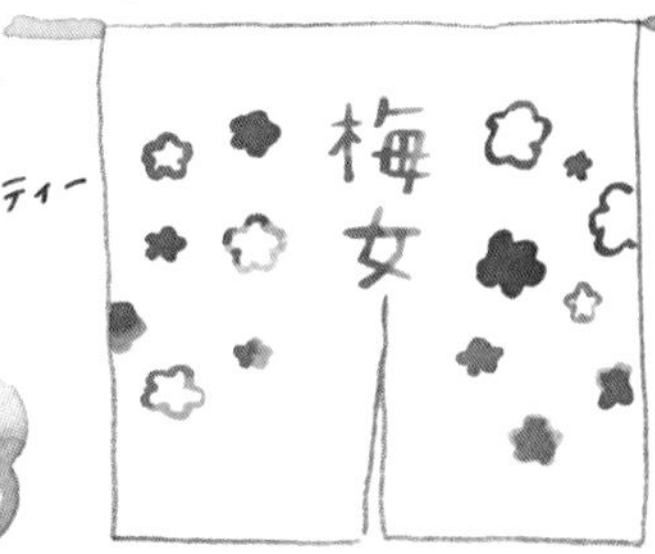
梅
女

コーヒー

電車旅の締めに
銭湯なんてどうでしょう!
ほかほか、湯冷め
しないうちに帰りましょう。

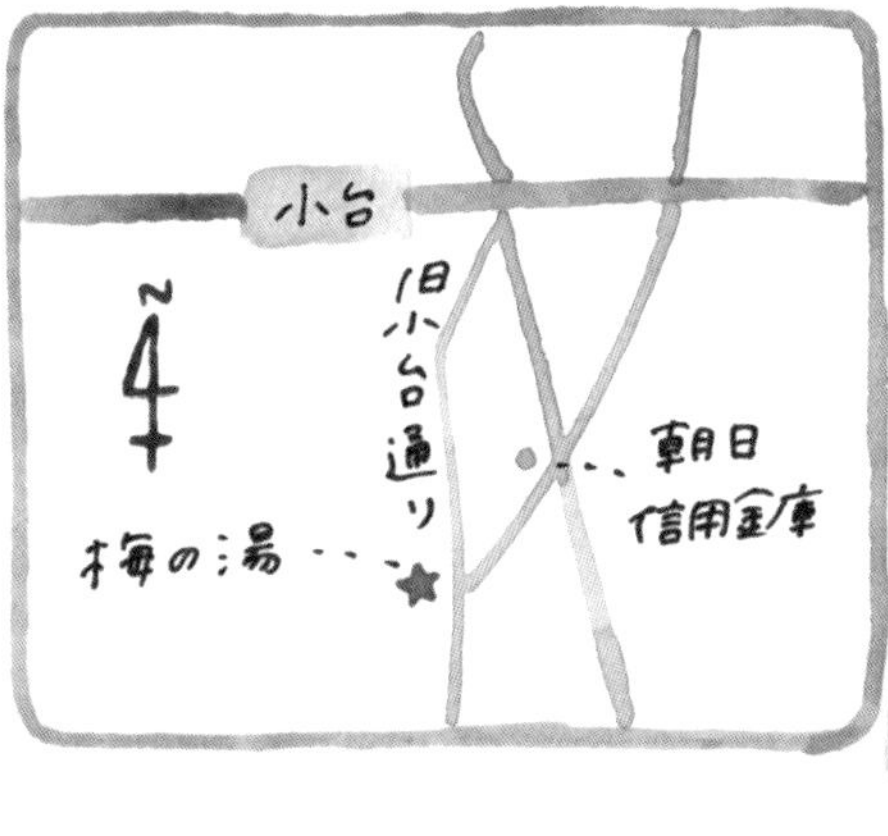
小台
N
旧小台通り
朝日
信用金庫
梅の湯

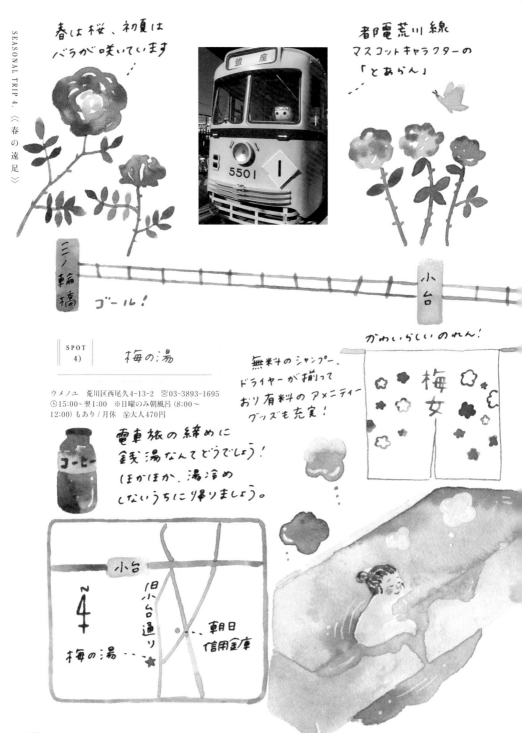

INDEX

あとがき

さんぽに出かけると、毎回自分にとって新たな発見があります。それはまるで、自分の心のアルバムにストックを増やしていくような、特別な喜びです。かわいいタイルに、昭和が残るレトロな建物、街ですれ違う人々……。その瞬間でしか出会えないものに、いつも心惹かれます。この一期一会の喜びを共有したい！　という秘めた想いを胸にいだきながら、普段から少しずつルポのような形でイラストを描きためていました。

２０１９年に開催したさんぽをテーマとした個展をきっかけに、書籍を制作させていただく運びとなりました。この本では、個展の作品である東京の風景や、描きためてい

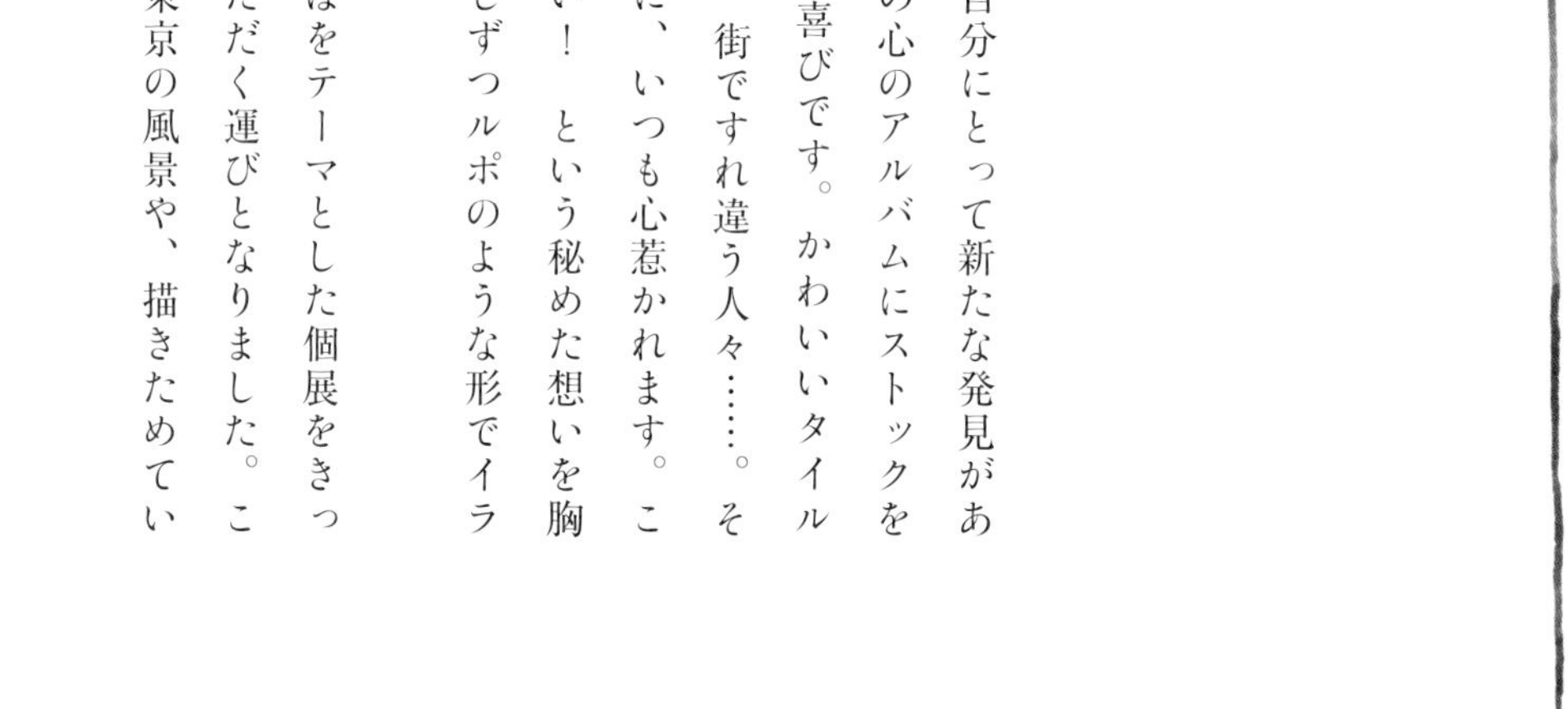

た街のルポ作品の一部も掲載しています。さんぽを通して知った街の魅力を一冊に詰め込んで、長年の夢を形にすることができました。読んでくださる方にもさんぽの楽しさが伝われば、とても幸せです。

最後に、声をかけてくださり、このような貴重な機会をくださった朝日新聞出版の白方美樹さん。掲載にあたり、ご尽力くださった編集のミシマイチゴさん。イラストを最大限に活かしてくださったデザイナーの八木孝枝さん。本当にありがとうございました。また、この本を制作するにあたりサポートしてくださった方々、ご協力いただいた店舗の皆さまに、心から感謝いたします。季節がめぐってもこの本が皆さまの思い出とともにあるよう願いながら。

２０２０年　春の訪れとともに

菅澤真衣子

PROFILE　菅澤真衣子　Maiko Sugasawa

1985年千葉県生まれ。東京の下町在住。専門学校でウエディングドレスの制作など、ブライダルの勉強をしたのち、イラストレーションの道を志すように。セツ・モードセミナー卒業後、2011年からイラストレーターとして活動を開始。雑誌や書籍の挿絵を中心に活動中。主な仕事としてボートレース戸田内の壁画を担当し、2019年には普段慣れ親しんだ下町の風景を描いた「浅草でみちくさ」展を開催。水彩で心温まる作品を描く。

STAFF

デザイン　八木孝枝

写真　菅澤真衣子

構成・編集　ミシマイチゴ

組版・印刷　大日本印刷株式会社

企画・編集　白方美樹（朝日新聞出版 生活・文化編集部）

東《とう》京《きょう》おさんぽノート12ヶ《か》月《げつ》

2020年4月30日　第1刷発行

編　著　朝日新聞出版

発行者　橋田真琴

発行所　朝日新聞出版
〒104-8011　東京都中央区築地5-3-2
電話（03）5541-8996［編集］
（03）5540-7793［販売］

印刷所　大日本印刷株式会社

Published in Japan by Asahi Shimbun Publications Inc.
ISBN 978-4-02-333980-4